元山口組系組長
猫組長（菅原潮）

暴力が支配する一触即発の世界経済

元経済ヤクザが明かす
「仁義なきマネー戦争」の実態

ビジネス社

はじめに　「暴力とマネー」が動かす国際金融

アジアでは米中貿易戦争、米朝首脳会談、ヨーロッパではイギリスのブレグジットとイタリアの一帯一路参画によるEU解体危機。日本においては日ロ平和条約締結や、戦時徴用工判決や火器管制レーダー照射による日韓関係の厳冬化、さらには4月1日に施行された「移民法問題」――。

これらを並べれば、世界が再編の時期に入っていることは明らかだろう。

再編の始点を2017年のトランプ氏アメリカ大統領就任とする論調は多いが、私はそれに懐疑的だ。米軍という世界最強の暴力と、ドルという基軸通貨を所有する覇権国の国家戦略は、1人の大統領の登場によって変わるほど脆弱なものではない。

今日のアメリカは2013年に産声をあげ、その時から「トランプ的なるもの」が次期大統領になることは決まっていたと、私は分析している。トランプ氏本人も、アメリカ国家戦略上予定されていた「トランプ的なるもの」の1人に過ぎない。

ビジネスマンでもあるトランプ氏本人は、米中間のディール（取引）を適度なところで収まることを望んでいるにもかかわらず、第40代大統領、ロナルド・レーガンの亡霊に捕らわれ身動きができなくなりつつある。

米中貿易戦争の本質は、世界の覇権を奪取する中国と、世界2位の経済大国となった中国を貪ろうとするアメリカの戦いだ。野心に満ちた虎も、貪欲な猛禽類もお互いの欲望を収める気配はない。二大大国の争いはより深化していくだろう。

その余波は第三国を揺らし、組み上がったはずのEUというパズルがバラバラになろうとしている。ロシア、韓国、中国、という暴力プレートの上に浮かぶアメリカの同盟国、日本は、「ドルと暴力」の極東最前線国として、その激震から逃れることはできない。

この再編はグローバリズムによって「解決したもの」とされてきた、1945年から始まった冷戦構造からの諸問題がもたらしたものだ。

そして、この再編を制するカギこそ、「暴力とマネー」だと私は考えている。戦争を終わらせるのは常にその2つの要素だからだ。

かつて私は山口組系組長だった。経済ヤクザとして株の世界へ。やがて石油ビジネスに参入し国際金融の実務を経験した。

暴力経済においては裏切りや略奪が日常だ。高いリスクをマネジメントしなければ生き残ることはできない。生き抜くために必要なのは感情ではなく冷静な分析と合理的な判断で、それらは宿痾のごとくに私に染みついている。

本書では、ここに列挙した事柄を「暴力とマネー」の観点から分析した。必然的に、現在それらを中心的に所有しているアメリカのトピックは増えることになる。また導き出した各々の結論は、少し先の未来を的確に予測しているはずだ。

私を書籍の世界に連れてきてくれたのは、経済評論家・渡邉哲也氏の力によるところが大きい。渡邉氏への感謝は満腔のものである。

現在の世界再編を把握することに対して、私の経験と能力は間違いなく機能する。問題に対する私の視点や、分析する思考のプロセスが、読者が激動の時代を生き抜くヒントになることを願っている。

2019年4月

猫組長（菅原潮）

はじめに　「暴力とマネー」が動かす国際金融

第1章　巻き起こる「イズム」から「実利」への大転換

第2章 米中貿易戦争に操られるトランプ

第3章 再編される「乱」世界

第4章 暴力プレート境界——日本

第1章

巻き起こる「イズム」から「実利」への大転換

「自国中心の世界再構築」を目指すアメリカ

１９８９年12月3日、当時のアメリカ合衆国大統領、ジョージ・Ｈ・Ｗ・ブッシュ氏と、ソビエト連邦書記長、ミハイル・ゴルバチョフ氏が地中海のマルタ共和国で会談を行い、冷戦終結を宣言した。

それ以来、世界を支配してきた「グローバリズム」という〝イズム〟は、２０１６年11月9日に崩壊した。同日のアメリカ大統領選挙の開票で、ドナルド・トランプ氏が勝利したからだ。

メキシコとの国境に壁を作ることや、テロ対象国からの移民禁止など、40以上の公約を掲げての当選だったが、そこに「モスクの監視」が含まれていたことからも、「テロ対象国」が「中東諸国」を指していることは明確だ。また、カナダ、メキシコとのＮＡＦＴＡ（北米貿易協定）の見直しや、ＴＰＰ脱退からは、アメリカが保護貿易へと舵を切ることも明らかとなった。

読み取れるのは、覇権国であるアメリカが「ヒト・モノ・カネ」の移動を規制し、〝国境〟

を復活させるということだ。すなわち、超大国アメリカは、「自国中心の世界再構築」を目指すということになる。

日米の中でも多数派を占めるリベラル色の強いメディアや識者は、トランプ氏を突如登場した、世界の分断を目指す「極めて保守主義的な暴君」と評して、驚きと絶望を伝え続けている。

だが、私はこの論調に3つの疑義を抱いている。

第一の疑義は「世界の分断を目指す」という評価だ。議会制民主主義国家が、国民の幸福を最大にすることを目的に、自国の国益を追求することは国家の義務と言えるだろう。マルタ会談以前の冷戦構造では、地球を何度も滅亡させる破壊力を持つ核兵器のボタンに手をかけつつ、東側との緊張によって西側は経済発展を享受した。冷戦崩壊後にグローバリズムが選ばれた理由は、平和のためではなく、冷戦の勝者の国益を合理的に満たす手段だったということに過ぎない。

アメリカ前大統領オバマ氏が核廃絶を訴えたのも、世界平和を求めてのことではなく、核抑止力に頼らない防衛安全保障政策の方が軍事費への圧迫が少ないと考えただけのことである。アジアの末端の国のインテリジェンス機関の間でさえ、「オバマ氏は冷淡な人間である」というのは共通認識となっている。オバマ時代のグローバリズム勃興も、世界の融和を目指したのではなく、それがアメリカの国益を最大限に叶えるという現実的な政策の結果に過ぎない。

日本には、「友愛」というイズムを本気で信じて実践したトップがいたが――。

そのアメリカは、長く続いたグローバリズムによって国益を失うどころか、覇権を奪われる危機に陥っている。世界の構造を変えるパワーを持つのは覇権国だけなのだから、トランプ氏のアメリカは、自国の国益を満たすために世界の再編を実行しているということになる。したがって「分断」は目的ではなく、過程に過ぎない。

2013年6月7日がターニングポイント

第二の疑義は、「ドナルド・トランプ」が突如現れたということに対してのものだ。その根拠は歴史の中にある。

アメリカの変化は、すでに2013年6月7日から始まっていたと私は考えている。13年は、その前年に胡錦涛《こきんとう》氏の後を受け継いで中国共産党の最高指導者となった習近平《しゅうきんぺい》氏が、中国の第7代国家主席となった年だ。

国家主席就任から3カ月たった13年6月7日、当時大統領だったオバマ氏との米中首脳会談がカリフォルニア州で行われる。その席で、習近平氏は

「太平洋には米中両国を受け入れる十分な空間がある」

と新二大国構想構築を宣言した。中国共産党にどれほどの遠謀深慮があったのかはうかがい知れないが、この瞬間、グローバリズムは崩壊へと転換し、「今日のアメリカ」が生まれたと私は考えている。

アメリカを支える根幹となる経済活動の大きな柱の1つこそ「貿易」だ。海に囲まれた日本人は、その重要性を軽視する人が多いかも知れないが、海はもっとも安価で、もっとも高速に物流を運ぶ究極の流通路だ。

航空便と船便の送料と速度を考えると、この点に疑問に思う人もいるだろう。だが、米軍の主力輸送機C-17の最大搭載量はたった約77トン。1回で輸送できるのは、主力戦車M1A1エイブラムス（約60トン）ならたった1両、歩兵を乗せて戦闘できる車両M2ブラッドレーでもたった3輛、兵士にしても189名しか空輸することはできない。対して米海軍の一般的な輸送車両船、ボブ・ホープ級やワトソン級は、M1戦車を1000台運

ぶことができる。

マクロで考えた時の海の恩恵は、空や陸とは比較にならないということだ。大航海時代以降の歴史で海を持たない国が世界の覇権を取ったことがないのは、その象徴と言えるだろう。ドイツのヒトラーは海を求めてフランスに侵攻し、旧ソ連は不凍港を求めて支配域を広げていったという解釈は決して間違いではない。

安定した海運貿易のために必要なのが、海洋の安全保障ということになる。だからこそアメリカはマレーシアやグアム、沖縄をはじめ、世界の海運の重要拠点に強大な海軍基地を置き、自国や同盟国の貿易を保護し続けているのだ。

だが、09年からアメリカ大統領に就任したバラク・オバマ氏が世界に強いたのは、アメリカの国防費削減のための「戦略的忍耐」という、当時最強の大英帝国に無抵抗で挑んだガンジーも驚愕の方針だった。そのため、アジア地域を含めた世界の安全保障を混乱させることに大きく寄与し、中国が南シナ海に進出する結果となる。

合理的に考えれば、中国は太平洋に進出するという習氏の発言は、アメリカの軍事プレゼンスの継続的縮小を読んだ上でのことだろう。だが、それは、「アメリカの巨大権益を奪う」という宣言に他ならなかった。

2015年に予定されていた「トランプ的なるもの」

もっとも、「略奪のサイン」を認めるほど、アメリカは禁欲的な国家ではない。米中首脳会談から2年後の2015年、アメリカ国内では今日の対中政策を予見させるような論文が相次いで発表される。

トランプ政権の肝いりで新設された「通商製造業政策局」のトップを務めるピーター・ナヴァロ氏の『Crouching Tiger』（邦題『米中もし戦わば——戦争の地政学』文藝春秋）。90年代後半から親中派としてCIAで中国の軍事研究をしていたマイケル・ピルズベリー氏が、親中派と袂を分かち自らの経験を元に書いた『The Hundred-Year Nlarathon』（邦題『China 2049　秘密裏に遂行される「世界覇権100年戦略」』日経BP）——そのいずれもが15年の発売だ。そして両書ともに、今日の米中の姿が描かれている。

つまり、アメリカは13年の習近平氏の宣言からオバマ氏の「戦略的忍耐」に見切りをつけ、2年で次世代の国際戦略ビジョンを作り上げたということになる。

アメリカの対中姿勢の変節は、表面上にも現れた。アメリカの歴代大統領は外国からの要人をもてなす際に、専用の保養地「キャンプ・デービッド」を利用する。習近平氏が宣言を行った13年訪米時には、「西のキャンプ・デービッド」と呼ばれる故ウォルター・アネンバーグ氏夫妻の旧邸宅に招かれ、邸内でオバマ氏と仲睦まじく散歩をする様子が撮影された。

だが、15年の訪米時には、習氏がワシントンに訪問する同日にローマ法王が訪米。「法王の訪米日程をずらして欲しい」という中国側の要望をアメリカ政府は聞き入れず、オバマ氏は法王を出迎え、習氏を当時副大統領だったジョー・バイデン氏に出迎えさせたのだ。恒例の「散歩」でもオバマ氏が笑顔を見せることはなく、共同会見では顔も合わせないという冷遇ぶりとなった。

すなわち今日のアメリカは、13年からの5年間で練りに練った国家戦略の結果ということになる。この時期にトランプ氏は、まだ大統領候補として不在に近い扱いだった。しかし、国家戦略という大局から考えれば、オバマ氏の次に選ばれる者が「トランプ的なるもの」というのは既定路線だったということが確認できただろう。

「イズム」を夢見る官僚が次々と交代

第三の疑義は、トランプ氏が「極めて保守主義的な暴君」とされている点である。

トランプ氏が初めて「アメリカ大統領選」に登場したのは、２０００年の大統領選挙だ。87年以前は民主党、同年以降は共和党と二大政党を渡り歩いたトランプ氏は、大統領選挙出馬のため、99年にアメリカの少数政党「アメリカ改革党」に駆け込む形で入党した。

アメリカ改革党は、その時々に応じて保守、リベラルを支持する過激な言動で知られる政党だ。

00年の大統領選出馬を目指したトランプ氏は、党の大統領候補に名乗りを上げたものの、ライバル候補者に負け、その候補者を罵りながら離党。01年には、再び民主党員となる。しかし09年には共和党に復党。２０１２年大統領選に向けての世論調査で、共和党候補として2位の支持率を獲得し、出馬を検討したものの断念している。そして２０１６年大統領選挙で、共和党の大統領候補となり、宿願を叶えた。

アメリカの政党は共和党＝保守、民主党＝リベラルとカテゴライズされる。ただし、アメリカのリベラル派は平然と戦争に踏み切るので、日本人がイメージする「平和主義者」とはだいぶ違うが。

とはいえ30年間でアメリカ改革党も挟みながら、二大政党間の往復を繰り返したトランプ氏が、特定の「イズム」に妄執していないことは明らかだ。前国防長官だったマティス氏の辞任が典型例だが、イズムに夢を見る閣僚が次々と交代していくのも、トランプ氏との「イズム」に対する温度差が原因の1つにあると私は考えている。

「メキシコの壁」「TPP脱退」「中東からの移民拒否」など、トランプ氏の一連の公約が訴えているのは、自国内の産業、労働者の保護と治安維持など、すべてアメリカ市民の「実利」だ。アメリカ国民は「イズム」を選んだのではなく、「トランプ」という「実利」を選んだということだ。

2016年大統領選において、主要メディアは当初トランプ氏の圧倒的不利を伝えていた。「保守主義者であるトランプ氏を支持する保守層は、その過激さゆえに極めて少ない」という論拠を元にした推測だったが、結果はご存じの通りだ。

原則的には報じることが役割のはずのメディアだが「社説」に象徴されるように、メディアと「イズム」は不可分なものとなっている。しかし民意はとっくにイズムに背を向けていたのだ。「政治をイズムの追求」と考えている人たちの選挙予測が違ったものになるのは、当然の帰結と言えるだろう。さらに、その後に続くトランプ氏についての報道が、どこかピントがずれたものになるのもまた、当然の帰結と言えるだろう。

同時に私はトランプ氏に、ある種のシンパシーを持っている。機械的に資本が移転していくファイナンスの世界に生きる私もまた、イズムに夢をみない人間の1人だからだ。私が長く住んだ「暴力経済」も、現在住んでいるファイナンスも、合理的に「実利」を追求することで市民権を得る。こうした世界の住人にとっては、政治も「実利の達成」という観点からしか評価をしない。

なぜ私は「暴力経済」に関わったのか

このように私が考えるようになった動機と、「暴力経済」が持つ実利追求の姿を説明するためには、私の歴史を明らかにしなければならないだろう。

1964年に生まれた私は、78年、中学生の時に株に興味を持つようになる。79年の第二次オイルショックで、流れてくるニュースと証券会社の店頭の株価ボードが乱高下することの連動性は、私を夢中にさせた。

そこで私は、アルバイトなどをして自己資本を蓄え、高校時代から株を始める。まだ個人情報などがうるさく問われなかった時代にあって、未成年でも口座を作ることは簡単だった。学業と投資を両立させながら現役で大学に合格し、入学を機に上京する。

高卒のトラックの運転手が都内に一軒家を購入し、高級自動車を所有できた時代だ。自らの手で約1000万円もの自己資本を作り出した私にとって、大学は「金を稼ぐこともできないバカが通うところ」という認識だった。入学早々に学業よりファイナンスを優先し、かなりの財を得た私は、2年生だった19歳で大学を辞める。先輩が不動産業者だった縁で、不動産の世界へと進む。

バブル突入前夜の土地は、現金を生み出す最強のツールとなっていた。そのパワーは〝神話〟に近いレベルで、20歳そこそこの子供が相手でも「土地を扱っている」となれば、銀行は頭を下げて金を貸していた。業務で不動産の扱いを覚えた私は、会社で働きながら、安全な物件を見つけては個人で売買をするようになる。

しかし不動産売買の真ん中には、コントロールしがたい「人間の欲」が常に存在している。買う側は安くしようとして、売る側は高く売ろうとする。また売り手は「所有者だから有利だ」と思い込み、買い手は「資金を持っているから有利だ」と思い込むことで、両者の心理的な優位性も交錯する。1回の取引金額が大きいため、そうした思惑はもはや〝情念〟だ。両者の調整に時間を費やすことに、私は辟易した。

金融投資にも、もちろん人の思惑が反映されるが、不動産のそれより直接的ではない。金融とは資金を持っている者がアドバンテージを得て優位に物事を進められる世界で、その資金が移転していき次々とアドバンテージの所有者が変わっていく。不動産業を通じて、デジタルな金融のゲーム性が私には合っていることを再確認したのだった。

会社とは別に、個人でも不動産取引を行ったことによって3億円もの金を手にした私は、不動産業界から離れることにした。向かった先は、証券会社を退職後に独立した先輩が興した「投資顧問会社」だ。

こうして、バブル景気の最前線へと参戦することとなった。

まだネットのない時代にあって、私の務めた投資顧問会社には先輩の証券会社時代の顧客を中心に、口コミで評判となっていった。最年長が25歳の4人からなる若くて小さな組織でも、運用資産は120億～130億円に上った。私は資本量を使って、相場を操縦する「仕手」に夢中になる。山手線圏内の土地でアメリカ全土が買えるほどの好景気にあって、株式相場も天井知らずの状況となっていたので、それでも資金が足りず、金策に走る時代だった。

1989年12月29日の大納会で日経平均は史上最高値3万8957円44銭を付けたが、これがバブル最後の日となる。明けた90年1月の大発会で株価は暴落。翌営業日で日経平均は600円も値を下げた。

実は、この大発会からの値動きを見ても、私たちは「一時的な調整だ」と、かなり楽観的に構えていた。その時点ではだいぶ「売り」もやり始めていて、株価下落によって相殺されていたことで、判断を誤ったのだ。何より、日本人の誰もが、この景気が突如崩壊することなど夢にも思っていなかった。しかし株価が戻ることはなく、バブルが崩壊したということがようやく認識できるようになっていく。

わずかでも稼いだ金を再び投資して、なんとか延命を図っていたのだが、ついに終わりの日が来た。バブルを謳歌した私たちに残ったのは、大借金である。

うるさいところには他から借りてお金を払い、全員が借金をして返せるものを返して、できることを全部やってなんとか1年間は生き残ったが、最終的に約20億〜30億円が借金として残った。私が背負ったのは約3億〜4億円だ。

当時、神奈川県川崎市の溝の口にマンションを買って、恋人を住まわせていたが、その部屋が抵当に入っていて、いずれ執行をかけられる運命を恋人は知らない。住んでいた東京の家にはもう住めないので、この恋人の住むマンションに隠れるようになった。隠れながら、やり繰りして借金を支払って、それでも行き詰っての繰り返し。借金取りに追い立てられ寝る間もなく、虚脱状態のまま時間だけが過ぎていった。それはコールタールの池で力尽きて沈みゆくような感覚だ。

1991年はこうして過ぎていった。

ヤクザに追い込みをかけられる日々

そんな窮状にあっても、

「株式市場がよみがえれば、テクニックはあるのだから復活できるだろ!」

と淡い希望を口にして励まし合ってしまったが、現実には株式市場にも不動産市場にも復活の芽は1つもない。ただただ下落するばかりで、ほのかに見えた光がまた閉ざされるという無間地獄。下がりすぎたものはいつか上がるのが経済の原理。リバウンドに参入すれば復活もできるのだが、底は一向に見えない。

「もう銭の作りようもないよ」

絵空事の希望よりは、今この現実を吐露する言葉の方が心地良い。冷静なこの私でさえ時に「自死」が頭をよぎるのだが、どうしても踏み切れない。そうしてまた精神的な苦痛に沈んでいくという日々だった。実際に、金融業界では死を選択した人も多くいた。心臓が止まったところで借金が減るわけではないのだが、少なくとも出口の見えない苦痛からは解放される。

「取り返すからお金を貸してください」

同僚は、詰め寄る債権者にこう言い返した。私は返すことしか考えられなくなっていたが、それを目の当たりにした時、「こんな時でもまだ金のことを、儲けることを考えているのか……」と鳥肌が立ったものだ。

もちろんこの時の経験が後の人生に生きているのは言うまでもない。小さい借金は人を殺すが、大きな借金は次の金を生むということである。小さな額の借金は貸した側にも相手を恨む余裕が生まれるが、あまりにも大きな額だと貸した側と一緒に対策を練ることに尽力しなければならなくなるからだ。

何より大金を貸すには相手に対する信頼感が必要で、その信頼感は私の場合、持っている金融スキルに対する評価が作り上げている。今現在は貸した金が焦げ付いているものの、貸した相手は「何かのチャンスを与えれば貸した分どころか、儲けさせてくれる」とどこかで思っているのだ。

逃れようのない虚脱感の中で借金を返していく過程において、当然だが筋の悪い方からも巨大な金を借りていた。彼女のマンションに逃げていた私に、ヤクザが「どうすんだ?」と凄んで追い込みをかけてくるのは当然の顚末である。物心両面で脳死状態に陥った状況では、逃げる気力さえない。しかし、自分で話し合いに出ると決心したことで、私の人生は激変を迎えることとなった——。

警察庁や金融庁の指導によって、各金融機関などは「暴力団関係企業」をこう定義付けている。

「暴力団員が実質的にその経営に関与している企業、準構成員もしくは元暴力団員が経営する企業で暴力団に資金提供を行うなど暴力団の維持もしくは運営に積極的に協力し、もしくは関与する企業または業務の遂行等において積極的に暴力団を利用し、暴力団の維持もしくは運営に協力している企業をいう」

警察はこうした経済活動に関係する者を「企業舎弟」と呼び、暴力団は「フロント」と呼ぶ。その時に私が話し合った相手こそ、山口組系組織のフロントだった。東京に住むこの人物は「こっちにも借金があるだろう。どうするんだ？」と迫ってきたのだった。

インサイダーでなければ株は儲からない

出ていけばいきなり車で連れ去られて、拘束され、内臓を抜かれて……そんなことを考えていた私は、相手の質問にいささか拍子抜けをした。「どうする？」ということは、これから先の選択肢が用意されているということだからだ。どうも私は終わりではないようだ。ならばと、私はこう答えた。

「お金はもうありません。今の状況では作ることもできません。ただし、私にはスキルがありますから、証券業をやらせてくれればすぐに取り返します」

元手さえあれば勝負をして勝つ自信があってのことだった。私の身体をバラバラに切り刻んで売っても借りた金額には届かないし、マグロ漁船に一生乗っても返せる額ではない。ここで未来の選択肢を与えられているということは、少なくとも私を信用している証しでもある。

私が話し合ったその山口組系のフロントもやはり株や不動産をビジネスにしており、そこに出資をしていた。どうも私が借りた金の元手は親分だったようで、私はその人物の前に連れていかれることとなった。

「すいませんでした」

謝ったところで金が生まれるはずがないことは重々承知していたが、少しでも感情が和らげばと思っての行為だった。しかし親分は本当に立派な方で、感情を害するどころか破顔一笑。

「わしは金あるからの。金出したるから、いい話持ってこいよ」

こう言って、私の肩を叩いたのだ。とはいえ相手はヤクザ、しかも日本最大のヤクザ組織である五代目山口組の直参だ。いくら笑顔とはいえ、こう言われれば、普通であれば「しまった。もう抜け出せない。表社会には帰れない片道切符をつかまされたんだ」と、思うところなのだが、その瞬間私はまったく逆なことを考えていた。

「やったぞ。これでまた勝負ができる。ヤクザだから審査もない。巨大な出資者を捕まえた」

こうして私は裏社会の住人になった。親分自身、大きな株の取引をやっていたのだが、株で大失敗した私を見ながらこう言うのだ。

「よくも知らん会社の株買うのぉ。君はそこの社長と会うたことあるんか？」

「いや会ったことなんてないですよ」

こう答えると、親分は意外だという表情で、こう言った。

「素人さんは怖いもの知らないのぉ。わしはそこの社長と話してからやないと、株買わんぞ。最後はそこに責任取らすからの」

インサイダーでなければ株なんて儲かるはずがない、ということだ。今まで私がしてきたことを全部ひっくり返された気分だった。それまで暴力団は「企業を脅して、せいぜい無理矢理強請《ゆす》り取る程度だろう」と軽く見ていたが、まさか、これほどの人脈や影響力を持っているとは――。

こうして組織のカシラ（若頭）のフロントとして暴力団員のキャリアをスタートした私は、暴力と経済が癒着した凄まじいパワーを思い知り、経験することになった。黒い経済界に入った私は、経験したことのない異次元の「ファイナンス」に直面する。

「ちょっと企業に10億円貸すからお前、話しに行ってこい」

相手は上場企業だが、私が行くと「じゃあ新株刷りますよ」と持ちかけてくるのは企業側の方だ。こちら側からは「10億円はどうやって運びますか?」「いくらで新株刷りますか?」という交渉に入るのだが、貸す金が黒い金の場合は洗浄が必要になるし、新株の金額が適正かどうかの判断も必要になる。この時に役に立ったのが、表の世界で手に入れたファイナンスの知識やスキルだ。

わかったのは、「株は買う物ではなく売る物だ」ということだった。まだ株券が電子化される以前だったが、「紙きれを刷って売れば儲かる」というのは驚愕だった。10億円を貸すことで譲り受ける株券は、市場価格より安い。株式市場では１０００円で売買されている株券が、８００円で手に入るのだからそのまま売れば簡単に一株２００円の利益が出るというのが暴力経済のスキーム。

さらに企業側からはいつ、どういう方法で株価を上げるから、こうやってくださいというレクチャーまで受けるおまけ付きだ。まさに出来レースである。投資顧問会社では資金量を背景に仕手に情熱を燃やし、結果としてバブル崩壊で地獄を味わってきた私は、地下経済の仕組みに愕然とすることになった。

「なんだこんなもんか、俺は今まで何をやっていたんだ。真面目に株を買って、えらい目に遭って……。こいつら、紙きれ刷って50億も60億も集めやがって……。裏ではヤクザに儲けさせやがって」

と。

フロントから本格的にヤクザになった私は、国内市場での株式とファイナンスを中心に、黒いファイナンスの世界に浸かっていく。特に96年からの規制緩和「金融ビッグバン」と、99年と2000年までの「ドットコム会社」と呼ばれるITベンチャー設立ブームによるITバブル、さらに03年からのIPOブームではかなり莫大な利益を得たと自負している。IPOとは新規公開株や新規上場株のこと。本来上場できないような規模の会社がジャスダックやナスダックといった新興株式市場などに続々と上場して、「株券」という紙切れを現金化していった。

当時の私が専門にやっていたのは、増資の時の第三者割当だ。親分と同じように企業が第三者から資金を提供された時に、株を渡すという方法である。10億円を渡して、株を発行させ市場価格より安く差し出させる。企業が売り方をレクチャーすることもあったが、元々仕手のスキルはあるので、市場に流して高く売り抜けてしまうこともできた。

一般人には行うことができない一連の「投資作業」の実行を可能にしている要素が、「暴力と、それに対する恐怖」であることは言うまでもない。

表の世界で私が求めていたのは「金」そのものではなく、投資家が群れ集まるように相場を操縦する快楽だった。だが、暴力経済はそんな「ドラマツルギー」など必要とはしない。求められるのは、合理的な実利の追求だけである。逮捕を恐れない暴力団にとって、もっとも身近でありふれている暴力は、実利追求にとって合理的なツールなのだ。

追いつめられた暴力業界

しかし黒い経済人たちは、法規制によって追い詰められていく。その1つがインサイダー規制だ。きっかけは、1987年に起こったタテホ化学事件だった。

同社は債券先物投資の失敗により280億円の損害を出し、債券先物市場と株式市場に「タテホ・ショック」と呼ばれる衝撃を与える。しかし、その事実を公表する前に同社取締役や、取引先である銀行などが同社の株を売却して損害を逃れた事件である。もっともそれ以前、日本でインサイダー取引が違法として起訴されたことはなく、当事者たちも、違反行為をしているという認識は皆無だったという。

こうして翌88年に、証券取引法が改正されインサイダー取引に刑事罰が科せられるようになった。5年以下の懲役もしくは500万円以下の罰金、または懲役と罰金の両方という量刑で、違法と判断されたインサイダー取引によって得た財産は没収。また、違法行為を行った法人関係者個人だけでなく、法人そのものも処罰対象で、その場合、法人に対して5億円以下の罰金が科せられるようになった。

次いで92年には「暴力団員による不当な行為の防止等に関する法律」、いわゆる「暴力団対策法（暴対法）」が施行される。これにより、それまで町内会やPTAなどと同じ任意団体だったヤクザ組織は「暴力団」と法規定された。さらに「犯罪経歴を保有する暴力団員が一定割合を占め、首領の統制の下に階層的に構成された団体を『指定暴力団』に指定する」として、重点的な規制対象ともなった。

私にとって暴対法は、そう深刻な問題ではなかった。何より暴力が嫌いだし、抵触しなくても活動ができる。この法律自体は私に何のダメージも与えなかったが、将来にわたって暴力団への規制が強化され続けていくことは目に見えていた。

ヤクザとしての私の経済活動は順調に進んだが、暴力業界は徐々に追い詰められていった。それ以前では表に出ることもなかったような動きが、事件化していったのだ。

イトマン事件、皇民党事件をきっかけにした稲川会二代目・石井隆匡会長も関与した1992年の佐川急便事件では、55年体制が崩壊する結果となった。バブル崩壊後の破たん処理に暴力団への規制強化と、金融規制緩和、産業や資金の海外逃避などと合わさって、国内のコンプライアンスも含めた経済構造が変化したことにより、国内地下経済の未来は縮小に向かう以外、考えられなくなった。

00年以前の経済事件では、政治家など大きなタマが当局からターゲットとされていたが、00年以降はこれまで狙われなかった領域にまで捜査が及ぶようになる。07年には「最後の大物仕手筋」西田晴夫が、02年に行った旧南野建設の不正株価操作により逮捕される。そして第三者割当を巡るある経済事件をきっかけに、私自身の名前も報じられてしまう。事件の記憶が世間の人からなくなっても、記録は消えない。黒い経済活動は「知る人ぞ知る」という立場があってこそ、大胆に行うことができる。〝匿名性〟という生命線を失った私に、これ以上国内で仕事をするという選択肢はなかった。

この時期、膨張したまま規制によって国内で行き場を失った多くの「黒いマネー」は、海外――ドルの金融市場へと進出していった。そして私自身も、国際金融へと目を向けるようになった。そこで私は、アメリカの暴力とドルのパワーに直面することになる。

金を生む「黒い水」石油ビジネス

私の国際金融への入り口は、石油ビジネスだった。

03年に中国が戦略石油備蓄基地の建設を開始し、中国政府が「戦略的石油備蓄の目標を大幅に増やす」と発表する。それに先駆けて、市場はすでに反応していた。

「燃料のスワップ取引が増えています。中国の原油需要に関係しているようです」

と石油関連に大きな動きがあることを、伝えてきた人物がいた。

黒い経済界にあって、情報をもたらす人材の確保は必須だ。狩り場となるのは、定番だった銀座だけでなく西麻布や六本木などといった「夜の街」。女性の前での酒が口を軽くするのは世の常で、私たちの方は女性を指名して通ったり、金を渡すなどして情報を集める。当然のことながら弱みなどの〝きっかけ〟を入手すれば、それをネタに人そのものをリクルートする。暴力と金によって広がった情報網は、上場企業の資産情報へのアクセスを可能にし、中央省庁の内部にも及んだ。

こうしたことも影響して、私はほとんど酒を口にしない。

石油の件を教えてくれたのは、東大を卒業後メガバンクに勤務していたところを、私が証券会社に転職させた人物だった。

組織にどっぷりとその身を浸す組員と違い、表の経済と触れる経済ヤクザは「半暴半民」として、他組織に所属する人物とも横断的にやり取りをし、一緒にビジネスを行う機会も多い。そうして知り合った元在京組織所属の知人の1人が、偶然同時期に「バレル5ドルで毎月2500万（円）の儲けや」と私に耳打ちしてきた。

バレルとは原油の取引単位だ。19世紀のアメリカで輸送用に使っていた樽のことで、1バレル＝約159リットル。「バレル5ドル」とは、「1バレルに付き5ドルがコミッション（手数料）として支払われる」という意味になる。

疑う私に対して、彼はその場でシティバンクのステートメント（入出金明細）を見せてくれた。ごく少数ではあるが、暴力経済の世界で他にも石油で儲けた人間を何人か見た私は、石油取引を徹底的に研究。翌年から原油の先物取引を始めて、やがて現物取引をすることを決めた。

世界的に原油の需要が高まっていたものの、日本国内では一般の人が原油の商いができないことがわかったのも決断の追い風になった。暴力団の経済学とは、規制などで縛られている場所に、非合法スレスレのいわば「高速道路」を作ることだ。普通の人がルールによって硬直している市場こそ、最も有効に機能する——。

石油ビジネスが好調ということを知った黒い経済人が向かったのは、中国を相手にしたバイヤーサイド（買い手側）だった。欲しがっている相手から注文を取り、業者から買って渡すのだが、私は、そちらではなくセラーサイド（売り手側）に向かうことにした。

「安い原油を現地へ買いに行って、欲しがっている国に売ればいいんじゃないか」

という発想だ。とはいえ、仕入れ元への接触は、簡単ではなかった。

「バレル5ドル」の元在京系組織の知人に紹介してもらい、マレーシアの国営石油会社、ペトロナスの副社長と会ったものの、個人のブローカーとの取引はあえなく断られた。

「個人取引をしたければ危険な地域に行くしかない」

そう副社長が教えてくれた言葉を頼りに、人づてというアナログな方法でブルネイ、サウジアラビアを経て、たどり着いたのはイエメンだった。そこは反政府組織「フーシ」が激しい武力闘争を行う地。そのフーシと対立する部族長こそが、私の探し求めていた相手だった。

「フーシ」は親米であるサウジとも戦っていて、国境をまたいでサウジを攻撃している。「敵の敵は味方」の図式に従い、サウジは油田という形でイエメン内の反フーシ派を間接支援し、部族長は反フーシ闘争のための戦費をそうして稼いでいたのだ。

武装したコーディネーターを雇い、部族長と面会した瞬間にビジネスは終了した。「こんな紛争地帯にまで命を懸けて日本から来てくれた」ということが、信用に繋がったからだ。あらゆる法律が機能不全に陥る「危険な地域」ならではの邂逅《かいこう》だ。万人が近寄りがたい場所こそ、黒い経済人にとって最良の市場ということだ。

ハイリスク・ハイリターンという言葉があるが、私の選択肢に「ハイリスク」は存在しない。「リスク」はマネージ（管理）すべきもので、コントロールしうる限り「リスク」ではない。とはいえ、中東で石油取引を繰り返す中で、私は一度だけゲリラの襲撃を受けた。チェコ製のサブマシンガン、Vz-61「スコーピオン」の小口径弾が貫通した銃創は、今も私の足に残っている。

石油取引は、国際金融と密接に連動していた。主な理由は独特の利益分配の仕組みにある。

石油取引においては、その取引に関与した人を全員漏れなくコミッション（手数料）の契約書に載せるというルールがある。すなわち「紹介者A　バレル1ドル」「仲介者B

バレル2ドル」、「協力者C　バレル0・5ドル」というように、その取引に関わった人全部にコミッションが入るようになっていて、誰が誰の紹介で、どういう流れでこの取引が成立したかがわかるようになっている。

取引に関与した人たちの中には、税金対策としてオフショア（租税回避地）に口座を持っている人も多い。またその人の国籍や立場などで、国税局などの監視が厳しい場合もある。コミッションの支払いを相手の口座に直接振り込むということの方が稀で、非常に複雑なやり方を要求されるのだ。たとえば、

「A銀行の口座から、一度4分割して、シリアのB銀行、香港のC銀行、バージン諸島のD銀行の各指定口座に入金後、それをロンドンのE銀行の指定口座に入金して欲しい」

といったものだ。

私自身イエメンの部族長との契約によって石油ビジネスを一気に拡大し、利益も莫大なものになっていった。入金は海外の銀行口座。現地で金を使うことはできても、たかが知れている。この金をどこかに移動させなければ、なんの面白味もない。こうして私は、証券と資金移転のスキルを覚えていくことになった。

だが、意図せず「世界の覇権者」の逆鱗に触れたことで、まもなく厄災が訪れることに

なる。

世界の支配者の正体

多くの人は、「石油」をただのエネルギーと思っていることだろう。しかし、石油はエネルギーではない。国家戦略の根幹となる、戦略物資だ。

石油が世界の主役になったのは、1914年に開戦した第一次世界大戦だった。この戦争では、毒ガスや飛行機といった新たなウェポンシステムが登場したことに注目が集まりがちだが、本質的には「石炭から石油へのエネルギー転換の戦い」と呼ぶべきだと私は考えている。

1911年、イギリス海軍が軍艦の燃料を石炭から石油に切り替えるのだが、この決断をした人物こそ、かのウィンストン・チャーチルだ。イギリスは大戦において圧勝を収め、20世紀は石炭に勝利した石油の世紀として始まることとなった。同時に、産油地である中東の国際的な価値も転換し、現在まで続いている。

第二次世界大戦末期には兵器として「核」が実用化されたが、核は石油と比べればあまりにも専門性が高いエネルギー源だ。急速に反応させて爆発させるのではなく、熱源として利用する場合には、水などを使って反応をコントロールしなければならない。必然的に設備の小型化は難しく、ガソリンエンジンのように直接熱を利用することも難しい。

核をエネルギー源として利用するには、原発や潜水艦、空母など、その方法はかなり限定的となった。また、核を兵器として使用すれば同等の反撃を受けるリスクがあるため、核による防衛安全保障は「保持」に限定されているのが現実だ。実際に使用できる兵器は、「石油」などをベースにして作られたものにとどまっているのである。

核による「エネルギーの転換」までは果たせなかったということで、21世紀に至っても「石油の世紀」は続いている。繰り返しになるが、「石油」はただのエネルギー源ではなく、今なお国家の命運を左右する「戦略物資」なのだ。そして石油取引は、基軸通貨「ドル」に支配されている。

ドルが基軸通貨として機能している理由は、米軍という武力を背景に作り上げた金融支配構造とその維持にあると言える。ドルの歴史がその根拠だ。

第二次世界大戦末期になると、世界中の金の80％がアメリカに一極集中した。そして終戦直前の１９４４年にアメリカ、ニューハンプシャー州ブレトン・ウッズに連合国44カ国が集まり、戦後の国際通貨体制に関する「ブレトン・ウッズ会議」が行われた。

それ以前、マネーは金《ゴールド》の引換券だった。ところが各国に金《ゴールド》がなくなり、通貨発行が難しくなった。アメリカには大量の金《ゴールド》が集まっていたので、これを担保に金《ドル》を発行するという、中央集権的金本位体制ができる。

「アメリカドルは金と交換ができる」「ドルは他の通貨と両替できる」ということで、アメリカが保有する金《ゴールド》をベースにして、ドルを仲介する形での金本位制、「IMF体制」が、国際通貨基金（IMF）協定の締結でできあがったのだ。ドルを基軸通貨とした固定相場制度は、71年のニクソン・ショックまで続くのだが、変動相場制となった現在でも、その基本構造は変わっていない。

これこそが、ドルが基軸通貨と呼ばれる所以である。明日潰れる国の通貨を信用する者はいないということで、米軍という世界最強の暴力が、ドルの基軸通貨維持に大きく献身していることは言うまでもない。

戦争とは暴力を使った経済活動だ。「戦争は悲惨だ」と嘆く人がいるが、戦争それ自体を「悲惨」と評価することに、私は違和感を覚えている。戦争が本当に悲惨なのは、「たかがゼニカネ」のために人の命が奪われていくからだ。

そして、戦争という暴力的経済活動に深く関係する、石油、穀物、武器など多くの「戦略物資」の決済も、ドルの支配下にある。ドル決算の支配を逃れようとした者がどうなるか――経済制裁に苦しんだイラクの大統領サダム・フセインが、フランスの誘惑で石油のユーロ決済を模索したことが、イラク戦争の原因の1つとされていることを考えればわかるだろう。

石油を扱った私は知らぬ間に、アメリカという国の利権に関与していたのだ。

知らぬ間に「テロリスト」の一味に

石油ビジネスは順調だった。それ以上に、個人で扱うには規模が大きくなりすぎていった。私が紹介した人物が大量取引に関与すると、紹介者の私にもコミッションが支払われる。さらに紹介者が紹介者へと連鎖するたびに、入金額は大きくなっていった。月に2~3億円、多い時で十何億円が入金され……知らない間に巨大取引の末席に名を連ねていたことが確認できたのは、あとで送られてきたコミッションノートを見てからだった。私はイギリスの銀行に口座を作って、そこにコミッションを送金するよう指示していたのだが、ある時銀行からこんな連絡があった。

「キャパが増えて、当行では個人口座の規模を超えていますので口座を変えてください」

窮した私が中東の友人に尋ねると、

「オフショアのバハマにあるバンク・アルタクアはいい銀行で、送金も楽だからみんな使っているよ」

と教えてくれた。

早速その銀行に口座を作り、ロンドンからほとんどの資金を移した時、私に奇妙な依頼をする人物がいた。その人物は口座を持っていないながら、サウジアラビア産の石油を扱っているということで、私にこう持ちかけてきたのだ。

「僕のもまとめて受け取ってください。手数料を払うから後で分配してください」

人の紹介だったこともあり、無下《むげ》にもできず私は快諾した。そうして同様の依頼を受けるようになり、何十口もの他人の手数料が私の口座に入るようになっていた。私の新たな口座はこうして石油取引の代理口座になっていったのだ。口座残高が250億円を超えた時、私は、自分の資金が自分でコントロールできない状態に焦り始めていた。

そしてその日がやってくる。バンク・アルタクアが銀行ごと凍結されたのだ。

凍結したのはアメリカ政府である。私が代理で引き受けていた人物の中に、アラビア半島のアルカイーダの関係者がいたのだ。完全に合法だと思っていた石油ビジネスだが、いつの間にかテロリストの資金を扱っていて、知らぬ間に私はテロリストの一味とされていた。バハマの銀行には私以外にもそうした怪しい金のやり取りがあり、アメリカが制裁として銀行そのものを凍結したのである。

「監視対象者」となった私は、しばらく不自由な生活を余儀なくさせられることとなった。イギリスのロンドン・ヒースロー空港では、スコットランドヤード（ロンドン警視庁）の金融犯罪部局とアメリカ捜査当局の連合に拘束され、「パレルモ条約5条、6条に基づいた英国法であなたを拘束します」と告げられた。

5条は「組織的な犯罪集団への参加の犯罪化」、6条とは「犯罪収益の洗浄の犯罪化」だ。もっとも拘束されたその日に、すぐに裁判所へ連行され、審問を経て、関与の立証不可能ということで、保釈となった。

海外での拘束は記憶にあるだけで6回を数えている。

こうして私に巨大な資金を提供した石油ビジネスはゼロへとなったものの、暴力とドルによる世界の支配構造を経験することができた。それは、私が住んでいた「暴力経済」の巨大な相似形だ。ファイナンスの従事者が持つ、宿痾《しゅくあ》ともいえる冷静な分析と合理的な思考を合わせることで、既存の角度とは違う世界分析を行えると、自負できるようにはなったが……。

「戦略物資」を扱うロシアン・マフィア

石油のビジネスを通じて、私はロシアン・マフィアとも知り合うことになった。「マフィア」といえば、麻薬や武器売買、ポルノ、売春などで暗躍するイメージだが、ロシアン・マフィアが他の国のマフィアと大きく違う点は、そうしたアンダーグラウンドのアイテムだけではなく、石油や天然ガス、レアメタルや核物質など「戦略物資」を直接扱う点だ。地下経済界においてロシアン・マフィアは、資源大国であるロシアのお国柄が強く出ている暗黒組織として知られている。

私がドバイで利用していた銀行のオフィサー（担当者）は、ロシアン・マフィアも担当していた。取引額が大きい石油取引では、ドルベースの証券が恒常的に利用され、私も数百億円の証券を作っていた。

「これほどの規模でビジネスをしている者は、そういないだろ……」

自信満々だった私が、オフィサーにロシアン・マフィアの証券の金額を尋ねると、「兆円単位」という答えが返ってきて驚倒したことがあった。戦略物資を直接扱うロシアン・マフィアの経済活動は、国家レベルということだ。所有している情報量もやはり、国家規模ということになる。

世界の暗黒街でも日本の「YAKUZA」の知名度は高く、中でも「YAMAGUTI GUMI」はトップブランドで、黒い世界に生きる者同士としてあるロシアン・アフィアと近しい関係になる。トランプ氏と暗黒街との接点は、2016年大統領選の時期の地下経済ニュースのホットな話題の1つだった。それはトランプ氏の過去に由来しているとされている。

トランプとマフィアの黒い関係

トランプ氏の祖父は1869年ドイツに生まれ、16歳で渡米。賭博や売春で知られる歓楽街や、炭鉱街などに移り住み理容師やレストラン経営などをしながら、酒と食事と女などを提供するレストランとホテルの経営で成功しドイツに帰国した。

故郷で以前から知り合いだった女性を妻に娶《めと》って、再渡米。ニューヨークで理髪店や、レストラン、ホテルなどを経営して富を順調に増やす。トランプ氏の父、フレッド・トランプ氏はニューヨークのブロンクス区で生まれ、15歳（1920年）から不動産業と建築業を始め、トランプ家の財をさらに大きなものとする。

現在では犯罪組織に「マフィア」という言葉が使われるが、原点としての「マフィア」は、シシリア島出身のアメリカ移民で構成される犯罪組織のことだ。シシリアンたちは、イタリア系移民と共に、20世紀初頭から新大陸へと移って行く。

純血のマフィアたちが、莫大な財を成して近代組織化したきっかけは、1920年のいわゆる「禁酒法」による密造酒の売買からである。トランプ氏の父が不動産開発業を始めた年こそ「マフィア元年」で、密造酒が陸揚げされるニューヨークと、それを内陸に運ぶ際の中継地点であるシカゴはマフィアの二大拠点となった。

トランプ氏の父のビジネスと暗黒街勃興は、歴史の上で交錯する。知人のロシアン・マフィアは、「この時期のニューヨークの不動産開発は、マフィアとの接点抜きでは考えられない」と言う。

ニューヨークのマフィアは、組織中核をシシリアンのみで構成し、ボスのトップダウンによって運営されていた。だが1931年9月、ラッキー・ルチアーノによる対立組織への虐殺事件「シシリアの晩禱《ばんとう》の夜」により、五大ファミリーからなる合議制へと脱皮する。シシリアンの純血に縛られない新たな組織を、ルチアーノは「コーザ・ノストラ」（我らのもの）と名付けた。

33年の禁酒法廃止に伴い、コーザ・ノストラは麻薬ビジネスを経済活動の中心にし、カジノ、ホテル経営、不動産業へと進出する。「抗争より調和」を選んだことで、コーザ・ノストラの純益は当時のGM（ゼネラル・モータース）の年間売り上げより大きい、600億ドルもあると報じられるほどになった。

1946年生まれのトランプ氏は、アイビー・リーグ（東海岸の裕福な私立エリート校）の1つ、ペンシルバニア大学を卒業後、父の会社に勤務。70年代からは、父の財力を使い、ニューヨーク州を中心にオフィスビル、ホテル、カジノ経営などを手がける。80年代にビジネスを大きく伸ばし「不動産王」の異名をとるまでになった。

トランプ氏とマフィアのビジネスには共通項が多いが、両者の接点はあったのか――88年に行われた裁判で、それが明らかになっている。

トランプ氏の躍進した80年代、マフィアもニューヨーク市の大型建設事業に食い込み、逮捕が相次ぐ。トランプ・プラザの建設契約から利益を着服し、有罪判決を受けた1人こそ、コーザ・ノストラの「ジェノヴェーゼ・ファミリー」(旧ルチアーノ・ファミリー)のボス、アンソニー・サレルノだ。知人のロシアン・マフィアは「トランプが父から財だけではなく、暗黒街との繋がりも受け継いだ」と教えてくれた。

トランプ氏と暗黒街の接点が単なる都市伝説ではない根拠は、他ならぬ当人が認めている点にもある。WSJ(ウォール・ストリート・ジャーナル)は、トランプ氏が2016年大統領選の有力候補となった時に、本人を直撃。15年12月15日の「トランプ氏とマフィアの関係、早急な調査を」の記事中で、本人がマフィア系のコンクリート会社を使ったことを認めながら答えた肉声を、こう伝えている。

「この人たちは優れた請負業者だった。彼らは驚異的だった。彼らは1週間に3フロアをコンクリートで固めることができたのだ。世界の誰も1週間で3フロアはできない(略)。彼らはそれ(コンクリートの型枠)を設置して(コンクリートを)流す。そしてコンクリートが乾く前には鉄骨からフロアの型枠を外してしまうのだ」

「彼らは業務をこなすという点で、信じられないほど優れた請負業者だった。ただ、彼らの多くはモブと関係していたと思われる」

この「モブ」（ＭＯＢ）とは、「mobster」（暴力団員）の略で、マフィアの構成員を指す隠語である。前述したように、非合法ギリギリで「高速道路」を作る暴力経済のあり方が、よく現れているエピソードと言えるだろう。

マフィアが集票した「ラストベルト」

だが、はたしてトランプ氏とマフィアの繋がりは切れているのか――知人のロシアン・マフィアは、かなり早い段階でトランプ勝利を断言していたが、その理由は「労働組合が味方をしているから」というものだった。

１９４５年の第二次世界大戦終戦後、アメリカでは労働運動が盛り上がり大規模なストライキが行われる。この時、暗躍したのがマフィアだ。ある時は企業側に付き、金を貰って労働組合側を暴力で脅迫し、ある場面では組合側に付いて組合費を徴収して企業側を脅迫した。

アメリカにおいて労働組合とマフィアとの暗い関係は、今なお続いている。「ラストベルトはトランプを大統領にした地」と言われるが、この「ラストベルト」こそ、中西部地域と大西洋岸中部地域の一部に渡る、かつての大工業地帯。グローバリズムによって生産拠点を海外に奪われ、貧困に喘ぐ労働者たちの集う地域だ。

ロシアン・マフィアは「マフィアが労働者への集票を働きかけているから」と、自らの選挙予測の根拠を明かしてくれたが……。

暴力経済との接点と、極めて合理的な利益の追求こそ、私がトランプ氏に持つシンパシーだ。金融経済から、実体経済へのパラダイムシフトを実行する、その政策は、国際金融を舞台にファイナンスの世界に生きる私にとっては、決して好ましいものではない。

だが、市民が家計の45％を資産運用で保有するアメリカという国家において、大統領という地位の維持のためには金融経済をないがしろにはできないはずだ。世界のマネーの流れは、世界の覇権国の意思によって決まるのだから、問題は「次の世界の覇権を誰が握るのか」という点に尽きるだろう。

二大大国である、アメリカと中国の覇権闘争は、経済戦争という形ですでに幕を切っている。次章では「米中貿易戦争」を中心に、両国の状況を分析してみたい。

第2章

米中貿易戦争に操られるトランプ

80年代から中国は太平洋を狙っていた

アメリカの対中戦略が2013年の習近平氏による、「太平洋には米中両国を受け入れる十分な空間がある」という発言だったことは指摘した。そしてアメリカは15年から「トランプ的なるもの」の模索を始める。こう聞くと、アメリカは長い間戦略を組み立てたように思う人もいるかも知れない。だが習近平氏の「太平洋」発言が、1982年から存在していたことを知る人は多くないだろう。

その生みの親こそ、「中国海軍の父」と称される中国人民解放軍海軍司令員、劉華清《りゅうかせい》だ。1916年に生まれた劉華清の人生は、人民解放軍の歴史そのものだ。29年に中国共産主義青年団に加入。27年からの国共内戦では、部隊の政治委員だった鄧小平《とうしょうへい》の元で戦う。35年に中国共産党に入党。49年に中華人民共和国が建国されると、人民解放軍海軍へ。そして54年にはソ連の海軍アカデミーに留学する。

74年にベトナムとの間で起こった「西沙諸島の戦い」では指揮を執り、多くのベトナム兵を倒した。また、89年の天安門事件では虐殺を行った部隊の司令官だった。

生粋の軍人である劉華清が、82年に鄧小平の意向を受けて作り上げたのが「近海防御戦略」だ。ここで初めて「第一列島線」、「第二列島線」(図)が中国内で設定され、この突破こそが中国を覇権国にすると説いた。

60ページの図をみれば理解できると思うが、日本の九州を起点に、沖縄、台湾、フィリピン、インドネシア、マレーシアと至る第一列島線には、アメリカや同盟国の軍事基地があり第一列島線内に、ミサイルや戦闘機、戦艦などで攻撃をしかけることができる。

制海権奪取こそ覇権国になるための条件ということで、この突破を中国は模索し、海軍力を増強し続けてきたのだ。劉華清が定めた、タイムスケジュールは次のようなものである。

92年～00年　中国沿岸海域の完全な防備態勢を整備
00年～10年　第一列島線内部(近海)の制海権確保
10年～20年　第二列島線内部の制海権確保。航空母艦建造
20年～40年　アメリカ海軍による太平洋、インド洋の独占的支配を阻止

2040年　アメリカ海軍と対等な海軍建設

00年までの防御態勢整備は完了し、12年には中国の空母「遼寧」が就航した。10年までの第一列島線内の制海権確保は実現しなかったものの、中国は、制海権確保のためのスケジュールを捨てていないことが理解できるだろう。同時に13年の習近平発言は、遅延している「第一列島線内の制海権を奪う」ことを目的とした「宣戦布告」だったことも明らかになるだろう。

劉華清の凄みは、その先見性にあると言える。80年代は鄧小平の元「改革開放」によって、中国は国際市場へと生まれ変わりつつあった。まだ経済発展が大陸内を中心に行われていた時代、すでに劉華清は中国のパワーを支えるのが海軍力にあると考えていたからだ。米中貿易戦争では一歩リードしていると思われがちなアメリカだが、「太平洋」を奪う戦略においては、はるかに遅れていたということだ。

誰が覇権を握るのか

世間の人――特に発信力の強い人の中には、政治を「イズムの追求」だと考える人が多

劉華清が提唱した「第一列島線」と「第二列島線」

いようだ。また、社会で何か問題が起こる度に「政治」に原因を求め、批判の声を上げる人がいるが、それは政治に希望を抱いていることが原因だろう。

望みが叶わなければ感情を荒立てるのは、子供だけに許された特権だ。だが、政治にどれほどの罵詈雑言を投げかけても、犯罪や名誉毀損にならないばかりか、逆に「頭のよい人」「意識が高い人」という評価も得られる。ということで、ただただ「批判」の声だけが強く共鳴しては、フェードアウトすることの繰り返しとなっている。

確かに、議会制民主主義は「最大多数の最大幸福」を満たすために作り上げられたが、万人を満たす〝魔法の杖〟ではないと、私は考えている。私にとって政治への関心はイズムの体現ではなく、どう自分の実利に繋がるのかということでしかない。

その価値観に立てば、国際政治で重要なことの1つは「誰が覇権を握るのか」ということだ。第二次世界大戦直前にアメリカに金が集まり、基軸通貨が「ドル」となったように、財力、科学力、暴力などすべての「力」は「覇権」に集まる。当然、覇権国は国際金融の特異点ともなるからだ。

アメリカから覇権を奪おうとする中国は、アメリカが対中戦略として理論武装を固めた2015年に、10年計画「中国製造2025」を発表する。2049年の建国100周年

までに、世界一の技術・生産大国になるための第一歩となる国家プロジェクトだ。具体的な計画は三段階で、

①25年までに世界の製造強国入りする
②35年までに中国の製造業レベルを、世界の製造強国陣営の中位に位置させる
③49年には製造強国のトップになる

というもの。各々の発展は「イノベーション駆動」「品質優先」「環境保全型発展」「構造の最適化」「人材本位」という、「5つの基本方針」に則って実行されると表明された。計画経済は社会主義国家の特徴の1つだが、技術領域での覇権奪取に向けた意欲的な戦略プランといえるだろう。

オバマ政権時代には指を咥えているだけだったが、トランプ政権はこれを千載一遇のチャンスと捉えたのではないかと、私は考えている。

貿易戦争に混乱する中国

そして現在、第二次世界大戦以降の覇権国アメリカと、新たな覇権を狙う中国との間では激しい経済戦争が行われている真っ最中だ。発端となったのは、2018年3月に発表された、アメリカ政府による中国製製品に対する関税引き上げだが、まずは、それ以降の流れを簡単に整理したい。

3月1日　アメリカ政府は、鉄鋼とアルミニウムのアメリカへの輸入増が安全保障上の脅威になっているとして、米通商拡大法232条を適用する形で鉄鋼に25%、アルミニウム製品に10%の追加関税を課す方針を表明、中国製を主な標的とした

4月1日　中国政府はアメリカの鉄鋼・アルミ製品への追加関税に対抗して、フルーツなど120品目に15%、豚肉など8品目に25%の追加関税を課す対抗措置を発表、実施した

4月3日　USTR（=アメリカ合衆国通商代表部、代表はロバート・ライトハイザー氏）

が年間の輸入額500億ドル（約5兆5千億円）となる約1300品目を対象に、25％の追加関税を課す制裁原案を発表。制裁は、2015年に中国の習近平政権が中長期的な産業高度化政策として掲げた「中国製造2025」の重点対象分野を狙い撃ちにしたものである

4月4日 中国政府はアメリカ原産の大豆などの農産品、自動車、化学品、航空機など106製品に対して25％の追加関税を課すことを決定。ただし飼料用穀物の輸入価格の上昇は豚肉などの価格上昇に繋がるため、諸刃の剣の課税となっている

6月15日 トランプ政権が、4月3日発表の制裁原案をベースに合計500億ドル分の中国製品に、25％の追加関税を課すと発表。7月6日に第1弾として産業ロボットやハイテク製品818品目、340億ドル分を対象に実行すると宣言した

6月16日 中国政府が大豆や牛肉など総額340億ドル（約3兆7400億円）相当のアメリカ製品を対象に25％の関税上乗せの実施を7月6日から実施することを発表した

7月6日 中国政府が北京時間0時から発表通りに対米報復関税を実施。また、アメリカ

政府も宣言通りに追加関税を実施した。これをもって米中貿易戦争は開戦となる

7月10日　アメリカ政府は、第2弾の160億ドル（約1760億円）の追加関税実施を前に、9月以降に衣料品や食料品など2000億ドル（約22兆円）に相当する6031品目の輸入に10％の追加関税を課すことを発表した

8月1日　アメリカ政府は7月10日に発表した10％の追加関税を、25％に引き上げると提案した

ここでまず考えたいのは、中国共産党が、トランプ政権がここまで強硬な姿勢を取ることを読んでいたのか、いなのかという点だ。ちょうどこの時期、私の元に送られてきた、ある連絡は、当時の中国共産党内の混乱を鮮明に映し出している。

「恐くて中国に帰れない」、横行する暗殺

それは、貿易戦争開戦直前の7月3日に中国の大手航空会社・海南航空集団の会長であ

る王健《おうけん》氏が、出張先のフランスで死亡した一件と同時期のものだ。

王氏は南仏プロバンス地方のボニュー村の教会で記念写真を撮ろうとして、15メートルの壁に登り転落死する。海南航空集団は航空事業に留まらずM&Aによって急成長を遂げた企業で、ヒルトンホテルを国際展開するヒルトン・ワールドワイド・ホールディングスの筆頭株主だった。また、中国と深い関係にあるドイツのドイツ銀行も手中に収めていた。

現地警察は事故死としたが、国際社会——中でも黒い世界に生きる誰もが、その発表を真実だとは受け止めていない。海南航空集団には、国家主席である習近平氏の「右腕」とされる国家副主席の王岐山《おうきざん》氏の関与の噂が絶えない。1993年に海南省で設立された航空会社が、わずか約20年でヒルトン、ドイツ銀行といった世界的な企業の株式を取得するまでに急成長を遂げた背景には、王岐山氏の後ろ盾が影響したとされている。

ところが王健氏は、社内における反王岐山派の筆頭だった。繰り返されたM&Aによって海南航空集団の債務も膨張し、2017年には中国政府から債務圧縮を求められ資金繰りが悪化。19年に入って大量の資産売却を打ち出していた矢先に王健氏が「事故死」し、王岐山派が会社のトップになった。

転落死が暗殺とされるのは、このような背景があるからだ。

そして私の元には、まったく別な「暗殺劇」が知らされることとなった。それは、中国三大国有石油会社の1つシノペック・グループ（中国石油化工集団）内で起こった。私が石油ビジネスを行っていた時の取引先の1つが、シノペックの子会社だった。ちょうど王健氏がフランスで「事故死」した直後のこと。シノペックの子会社のスタッフで今でも交友がある人物が、私に焦燥しながらこう相談してきたのだ。

「怖くて中国に帰れないからマレーシアに亡命したい。助けてくれませんか？」

理由を尋ねると、シノペックの幹部などが連れ立ってやはりフランスに出張に行った時、1人が事故死して、2人が行方不明となったとのことだった。日本でも海外でもニュースになっていないが、その人物はこう明かしてくれた。

「海南航空集団の事件とは別で、こちらは習近平派と反習近平派の争いが原因なのです」

1978年に、当時の最高指導者だった鄧小平氏が「改革・開放」をスローガンに掲げて以降、米中はいわば互恵の関係を続けてきた。表舞台から消えたとはいえ、鄧小平路線と集団指導体制で中国共産党を運営してきたかつての指導者、江沢民《こうたくみん》氏、胡錦涛氏、さらに温家宝氏はまだ存命である。

その胡錦涛時代の10年間（02～10年）で、中国のGDPは4倍になり、世界第2位の経済大国へと変貌を遂げる。同時にアメリカの対中貿易額は5倍に拡大。アメリカは中国との関係を戦略的パートナー、互恵関係、「G2」と褒めそやしてきた。

「米中の蜜月関係こそ中国発展の原動力」と考えてきた江沢民氏を最古参とする旧支配層にとって、アメリカとの摩擦拡大は習近平氏を引きずり降ろす十分な動機となる。戦争を含む経済活動で要となる「石油」は国家の戦略物資。それを扱う巨大企業シノペック内の暗殺劇は、米中貿易戦争をきっかけにした中国共産党内の激しい権力闘争を伝えている、と私は考えている。

習近平政権の分断をはかったアメリカ

この時期、アメリカ側は中国政局の混乱を把握していたかのような発言をしている。2018年7月19日、アメリカ政府の行政機関であるNEC（国家経済会議）の委員長、ラリー・クドロー氏が、ニュース専門放送局CNBCなどが主催したイベントで、米中貿易戦争について、次のような旨の見解を述べたのだ。

「トランプ大統領は貿易を巡る駆け引きに必ずしも賛同しておらず、関税は選好していない。我々の知る限りでは、現時点で習国家主席は合意を得ることは望んでいない。米中の交渉において、習氏の経済顧問を務める劉鶴副首相らは合意を望んでいる。しかし習氏は合意を妨げている」

アメリカの政府機関では、主に軍事面での安全保障を担当するＮＳＣ（国家安全保障会議）が有名だが、ＮＥＣはそのＮＳＣの経済版。ビル・クリントン政権下で、93年に設立された経済面の安全保障を期待して作られたインテリジェンス機関だ。

現委員長のクドロー氏は、80年代のレーガン政権で経済政策を担当し、その後保守系経済評論家となった。そして、トランプ政権の対中関税政策に反対して辞任した前委員長の後釜として、18年3月にトランプ氏の指名で委員長となった。クドロー氏は元々トランプ氏と個人的に親交があったが、２０１３年以来のアメリカ国家戦略の流れの支持者でもある。

先ほどのクドロー発言で注目したいのは、
「国家主席がアメリカとの合意を望んでいないのに、劉鶴氏は望んでいる」
という点だ。

劉鶴氏は２０１８年3月に北京で開かれた全国人民代表大会（全人代）で、副首相に任命されたばかりの人物。この時の全人代では、前年9月に定年を理由に引退していた王岐山氏が、副主席として異例の復活を果たす。中国の憲法に国家主席と副主席の任期制限がないことから、「習・王終身体制」と呼ばれている。劉氏は、王岐山氏とタッグを組み、第二期習近平政権の経済政策の中核とされている。

その劉鶴氏は、着任早々にアメリカ側に報復関税の意図を伝えている。また、貿易戦争勃発直前の6月には、商務長官のウィルバー・ロス氏に、追加関税を取り下げれば中国側がアメリカ産品の輸入を拡大することを伝えた。クドロー発言までのわずかな期間で、劉氏が対米姿勢を翻意することは考えにくい。

つまりクドロー氏は当時の中国政府内の混乱を利用して、一枚岩ではない習近平政権を分断しようと考えていたということになる。

そもそもアメリカの中国重視政策は、70年代のニクソン政権からのものだ。ピルズベリー氏は、その主犯を当時国務長官だったヘンリー・キッシンジャー氏だと名指ししている。こうしてアメリカ政権内に芽生えた親中派の萌芽は、オバマ政権で開花する。ホワイトハウスばかりか、国防省、国務省内に「パンダハガー」が勢力を持つまでにいたったのだ。中国はパンダの贈呈を外交に使うことから、「パンダハガー」とは、中国を「ハグする」（抱きしめる）親中派のことである。

アメリカの中枢に「パンダハガー」が深く食い込んだことで、中国は「トランプ以降のアメリカ」に〝油断〟することになった。

粛正と再教育を受ける中国ナンバー5

油断とする根拠は、中国側の動きにある。

18年3月以降、アメリカの態度が強硬になるにつれ、中国共産党内では「読み違え」の主犯捜しが始まった。やり玉に上がったのは、経済政策の中心にいる国家副主席の王岐山氏と副首相の劉鶴《りゅうかく》氏だ。

1856年に清はイギリス国籍船（アロー号）に臨検を行い、イギリス国旗を引きずり下ろし、船員を逮捕する。これに抗議したイギリスに強硬な姿勢を崩さなかったのが、両広総督（広東省と広西省の総督）、葉名琛《ようめいしん》だ。しかし、そのことがきっかけで翌年からアロー戦争が勃発。人々は葉の行いを「不戦、不和、不守、不死、不降、不走」（迎撃せず、交渉せず、守らず、自殺せず、降伏せず、逃げず）という「六不総督」と罵った。

そして、米中貿易戦争開戦以降、劉鶴氏は、中国国民から「六不総督」という辛辣な評価を下されることになったのだ。

肝いりで選んだ王岐山氏と劉鶴氏の危機にあって、詰め腹を切らされたのが王滬寧《おうこねい》氏だ。王滬寧氏は、江沢民政権（93～03年）、胡錦涛政権（03～13年）、そして習近平政権でイデオロギー、プロパガンダ政策の中核にいたことから、「三朝帝師」と呼ばれる。

1955年生まれで、20代半ばですでに論客として高く評価され、87年からは中国共産党を理論面で武装する中核として働いてきた、極めて優秀なテクノクラート（政策立案に参画し、その実施に関与する官僚、管理者のこと）だ。習近平氏の掲げる「中華民族の偉大なる復興」、「中国の夢」というスローガンは、王滬寧氏の作とされている。

中国政府の最高意思決定機関は中国共産党中央政治局常務委員会で、党中央委員会全体会議（中全会）で選出される。王滬寧氏は、2017年の第19期1中全会によって、中国共産党序列5位となった。だが、それまで裏方として「三朝」の理論面を作り上げてきたテクノクラートが、権力闘争と策謀の渦巻く中国共産党の中枢部に担ぎ上げられたことを望んでいたかは疑わしい。

18年7月6日以降、王滬寧氏は表舞台から姿を消し、最高指導部が自宅に軟禁し、政策の失敗について反省を命じていることが報じられている。

北朝鮮の作る偽ドル札などの黒いビジネスの関係で、かつて東南アジアを回ったことのある私は、たびたびベトナム戦争当時、北ベトナム軍内での「苦い思い出話」に触れた。旧ソ連や、旧ソ連の指導を受けていた北ベトナム軍内では、党が「失敗」と認めると「再教育」を義務付けられていたというものだ。

末端であれば処分できるが、エリートには「再教育」を行使していた。失敗の原因を繰り返し聴取され、担当者から何時間も同じ話を聞き、長時間反省文を書かされるなど、「再教育」とはいわば「拷問」だ。それまでのエリート意識を砕かれ、二度と過ちを犯したくない気持ちにさせられるという。

中国にも共産党の〝伝統芸能〟である「再教育」があると聞いている。ミスをすればヤキや指詰めなど、組織ガバナンスを統制するツールとして暴力を使うのは、本来、暴力団なのだが……。

獰猛なアメリカにとらわれるトランプ

トランプ流外交術とは、相手に「イエスか『ハイ』」しか許さず、「ノー」の場合はさらにハードルを上げて再び「イエス」を迫るという非情な手法だ。アメリカ側の揺さぶりが効いたかどうかは窺い知れないものの、一連の流れを読めば中国共産党も躊躇なく身内に対して非情な決断をする組織であることは理解できたと思う。

つまり米中貿易戦争でも、両国の「非情性」が交錯しているといえるだろう。

こうしてアメリカの対中規制はますます強くなっていったのだが、米国内でその動きをけん引しているのは、むしろアメリカ議会であることはあまり伝わっていない。

米中貿易戦争の中でアメリカが特に問題としているのは対中貿易赤字だけではなく、知的財産の流出だ。中国の大手通信機メーカーZTE（中興通訊）を窃盗犯と断定して、18年6月には上院がZTEとアメリカ企業の取引を禁止する制裁措置の継続を、〝与野党〟の圧倒的賛成多数で可決した。貿易戦争開戦後も「大統領の対中政策は手ぬるい」と与野党の有力議員がコメントしている。共和党のルビオ上院議員は講演会で、次のように述べた。

「中国共産党は我々のイノベーションを盗み、人類史上最大の違法な富の移転に成功した」

また、民主党のルーパースバーガー下院議員は、

「トランプ大統領は、中国を助けるために最後に考えを変えてしまう。『アメリカ第一主義』を訴えながら、アメリカを厳しい状況に置いている」

と手厳しい。中国企業がアメリカ企業に投資、買収することで知的財産流出が起こることから、外資の対米投資を厳しく審査する新法を作ったのも議会側だ。その議会の熱量に促される形で、トランプ氏が8月この新法に署名をした。

アメリカの国家戦略にとらわれているのは、他ならないトランプ氏なのではないかと私は分析している。

その後米中は、8月23日に第2弾の関税を発動する。しかし、アメリカは、9月18日に第3弾の関税措置を予告、中国が世界貿易機関に申し立てを行う。同月24日には、米中が、予告していた数字を減らした形で第3弾の関税措置を発動する。

止まらぬアメリカの強行姿勢に対し、中国側は繰り返し改革・開放を行い公平な市場実現を目指していることを、国際社会にアピールしてきた。しかし、10月4日に副大統領の

マイク・ペンス氏が、ワシントンのハドソン研究所で演説を行い、それを真っ向から否定する。要約すると、以下のようになる。

・自由化を期待して中国にアメリカ経済へのアクセスを与え、世界貿易機関への加盟を許した。世界第2位の経済大国になったように「我々は中国を再建した」が、「改革開放」は口先だけだ

・知的財産はアメリカ経済の基礎。だが、中国政府はアメリカ企業への恐喝や、安全保障期間を使った軍事技術の窃盗など、あらゆる手段を用いて技術を取得している

・中国はアメリカの軍事プレゼンスを脅かすことを目標にして、西太平洋の同盟国を離脱させ、アメリカを追い出そうとしている

・インターネット検閲や、人間生活の支配を目的とした「社会信用スコア」の実施、宗教に対する迫害によって、自国民を統制し抑圧している

・対外融資を通じて「借金漬け外交」を行っている

・国際社会からの台湾の孤立化を画策している

・中国はアメリカ政府全体にアプローチするため、企業、映画会社、大学、シンクタンク、

学者、ジャーナリスト、地方州、連邦当局者を買収している

・18年の中間選挙の要所であるアイオワ州の地方紙に「対中貿易政策が市民に不利益を与えている」という記事に見える広告を出し、選挙に介入している

・アメリカ内で労働者にストライキを起こさせて、国内を分裂させようとしている

・アメリカ市民の意識を操作するために、プロパガンダ放送を流している

・映画が中国を肯定的に描くように検閲し、(資本の引き上げなどの手段で)ハリウッドを脅迫し続けている

・中国人留学生を監視し、共産党に批判的な言動があった場合、警告やバッシングなどの制裁を加える

・大学、シンクタンク、学者に資金提供し、共産党に不利な言動を抑制している

莫大な資本力を投入して行う検閲、言論や思想の操作の目的は、トランプ政権の行っている自国第一主義から民心を離すことだとペンス氏は主張する。その上で、アメリカは、

・台湾の民主主義を支持する

・二国間自由貿易協定を通じて、国内産業の中国依存を減らす
・サイバー空間における能力向上、核兵器の近代化、宇宙軍の設立など軍事プレゼンスを高める
・強制的な技術移転という略奪が止まるまで、断固とした態度をとる
・中国による借金漬け外交に代わる選択肢を外国に与える
・中国のアメリカ企業の投資を厳しく監視する

とした。日本人の認識する「シンクタンク」とは違って、ハドソン研究所は保守系のシンクタンクとして知られ、時々の政策に対して強い影響力を持っている。自由主義や民主主義を重視して、アメリカの国益や実益よりも、思想と理想を優先し武力介入も辞さないという、タカ派外交戦略に強い影響力を持つネオコン（ネオコンサバティブ＝新保守主義）派と密接な関係があるとされている機関だ。

主張された内容の真偽はともかく、この「ペンス演説」はアメリカの国家戦略を示す強いメッセージとして、各国のインテリジェンス機関が注目し、分析をしているという。アメリカは与野党一丸となって、中国を旧ソ連同様の「敵国」と認定し、経済戦争だけでは

なく全面対立の姿勢をとっているということだ。

中間選挙でトランプが得た虎の子

ペンス氏が、中国共産党が介入していると主張した米中間選挙は、2018年11月6日に行われた。上院は与党・共和党、下院は野党・民主党が多数派となり、「ねじれ」が生まれる結果となる。政策についての評価は二分したものの、保守系メディアは「勝利」、リベラル系メディアは「敗北」という論調で大別できるだろう。

政治は金融の流れに大きな影響を与えるファクターだ。金は政治に夢を見ないし、論調に左右されることもない。この視点から整理しよう。

2007年参院選後の自民党・福田政権や、10年参院選後の民主党・野田政権など、日本人にとって「ねじれ」とは国会空転を意味する。しかしトランプ氏は、選挙翌日「上院勝利は歴史的快挙」と大満足だった。これは、〝空威張り〟ではないと言える。

大統領就任後の中間選挙は、戦後18回行われたうち政権与党が勝利したのはわずか2回で、トランプ陣営にとって下院の敗北は折り込み済みだったと考えるべきだろう。反対に上院で所属政党の議席を3伸ばしたのはケネディ政権以来のこと。共和党内には反トランプ派もいたのだが、「ミニ・トランプ」と呼ばれる議員が当選したことで党内を一本化することに成功した。

また、アメリカの二院制は、いわば分業制で、大きく分ければ上院が外交や安全保障を、下院が内政をという役割である。予算は下院の仕事だが大統領は拒否権を持っているので、空転しても下院のみということになる。

ポイントの1つは上院の持つ人事権で、トランプ氏にとって重要なのは最高裁判事を指名できる点だ。

連邦の司法権は強力だが、最高裁判事は死亡するか引退しないと交代ができない。その1人、ギンズバーグ氏は1933年に生まれ、クリントン政権で指名された女性のリベラル派で、16年の大統領選挙中に候補者だったトランプ氏を「詐欺師」「うぬぼれ屋」と呼び、トランプ氏が「いかれてる」「辞任しろ」とやり返した関係だ。

現在、最高裁判事の構成は保守派5人リベラル派4人となっているが、ギンズバーグ氏は09年に膵臓がんと診断されながら執務を続けていた。18年11月8日に転倒事故を起こして骨折、入院し、その翌月に摘出手術を受け19年2月に復帰したばかりだ。

年齢から考えても近い将来の交代は確実で、次の指名権は一本化した共和党にある。中間選挙によってトランプ氏は、司法の保守化という絶大な権利を手に入れたということになるのだ。

立証できなかった「ロシア・ゲート」

何よりトランプ氏には、「ロシア・ゲート」疑惑が付きまとっている。

この事件は、16年のアメリカ合衆国大統領選挙で起こった。ロシア政府機関のクラッカー（ハッカー）集団が、対立候補だったヒラリー・クリントン氏側のシステムに侵入し、国務長官在任中に私用メールアドレスを公務に使っていたことと、その時の電子メールを暴露したことに端を発した事件だ。選挙に勝利したトランプ氏の関与が焦点となっており、ＦＢＩが捜査を行っていた。

２０１７年5月には、ロバート・モラー氏が司法省から特別検察官に任命される。疑惑は、大統領となったトランプ氏がＦＢＩの捜査に圧力を加えたという司法妨害にまで拡大していた。

トランプ氏には、選挙前に不倫相手2人に口止め料を支払った選挙違反疑惑があったが、実際に支払ったのは元個人弁護士で腹心のコーエン氏だった。コーエン氏は、この選挙違反などで被告となっているが、2月27日には、「真実を知るもの」として下院監視・改革委員会の公聴会に出席した。ロシア・ゲートについての証言は出なかったものの、トランプ氏には、大統領の就任式で中東諸国の個人から違法な献金を受け取り使用した疑惑や、両親の巨額脱税を手伝っていたという疑惑もある。

実はアメリカ合衆国憲法には、通常の司法手続きで大統領を訴追できる条文がない。その代わりに行われるのが「弾劾」だ。相次ぐスキャンダルから、トランプ氏には常に「弾劾」の可能性が指摘されている。下院の過半数が弾劾を求めると、上院で弾劾裁判が行われる。その際に裁判長となるのが最高裁長官で、陪審員を務めるのが上院議員だ。

トランプ氏がご機嫌だった理由も理解できるであろう。

捜査を終結したモラー氏は、19年3月22日、司法長官のウィリアム・バー氏に最終報告書を提出。2日後の24日には、トランプ氏とロシア側の共謀を「立証できない」という結論が出された。

トランプ氏は笑顔で「完全な無罪放免だ」とコメントしている。

「新モンロー主義」の衝撃

さて、中間選挙においては下院で多数派となったため、2019年1月、民主党のナンシー・ペロシ氏が下院議長に就任した。オバマ政権下でも下院議長だったペロシ氏の素顔は、対中強硬派の「鉄の女」。特に中国共産党による人権抑圧に対しては反対の立場をとっており、08年には当時のブッシュ大統領に北京五輪開会式出席のボイコットを迫った。また、09年にダライ・ラマ14世が訪米した際、「パンダハガー」の大統領オバマ氏が面会を見送ったにもかかわらず、人権賞を贈っている。チベット独立運動の象徴であるダライ・ラマ14世を、中国政府が敵視していることは言うまでもない。

トランプ政権は、オバマケア（医療保険制度改革法）の廃止を公約にしていたが、内政を担当する下院が民主党となったことで、このような一部の公約の実現は難しくなるだろう。しかし、対立政党の民主党内でもトランプ政権の「国内労働者の保護」の点では支持する声が強い。

その労働者の不利益を生む最大要因の1つが、貿易赤字の拡大だ。民主党代表候補だったヒラリー・クリントン氏が16年大統領選で、オバマ政権が進めたTPPに「反対」を公約にしたのも、貿易不均衡拡大が理由である。

こうして考えれば、その最大の障害となる中国を相手にした貿易戦争は、継続どころか激化するとみて間違いない。ペロシ氏の政治的スタンスもあって、そのための予算も通過しやすくなるだろう。そればかりか、アメリカは中国だけではなく、自国の不利益になる「あらゆる国」への圧力をますます強め、アメリカに利益をもたらすように要求するようになるということだ。

グローバリズムの中では、マルチ・ラテラル（多国間交渉）が標準的な外交術だった。しかし、ペンス演説にもあるように、バイ・ラテラル（二国間交渉）がトランプ流の外交術。「北米自由貿易協定」（NAFTA）の見直しについても、まずはメキシコ、カナダと三者同時ではなく一国ずつ交渉をしており、日本とも二国間自由貿易協定（FTA）交渉を進めているのがその実例だ。

第5代大統領、モンローはアメリカ大陸とヨーロッパ大陸との相互不干渉を宣言した。「イエスか『ハイ』」の返事しか許さないバイ・ラテラルによってアメリカが目指すのは、自国を中心とした「新・モンロー主義」の再構築と言えるだろう。アメリカの中間選挙が生んだのは「ねじれ」という「分断」ではない。「世界のためのアメリカではなく、アメリカのための世界」に向けて、与野党が一枚岩になったことだと私は考えている。

ファーウェイ事件の真相

2018年の漢字が「災」だったことを早くも忘れている人も多いだろうが、現在の世界の図式は「乱」だと私は認識している。米中貿易戦争のギアは突如上がった。中間選挙後の18年12月1日に、アメリカ当局の要請によって、カナダで中国の大手通信機器メーカー、ファーウェイの副会長兼CFO（最高財務責任者）、孟晩舟《もうばんしゅう》氏が逮捕されたのだ。

8月以降平行線が続いていた米中両国だが、逮捕直前の動きを整理したい。

逮捕の数時間前には、ブエノスアイレスでトランプ氏と習近平氏との間で米中首脳会談が行われ、対中製品への追加関税を90日留保することが決まった。このことで、「米中貿易戦争は一時停戦」と見る向きが多かったが、私はそうした見解に今日まで否定的だ。

当時の会談でトランプ氏が習氏に要求したのは、強制的技術移転、知的財産権の保護、非関税障壁、サイバー攻撃、サービス・農業の5分野の構造的改革だ。両国間は5分野について交渉し、合意に達しない場合、アメリカは追加関税の引き上げを実行する。

民間企業でさえ5つの分野を「今すぐ改める」と決断することは難しいのだから、いくら中国とはいえ、大国の意思決定をたった90日で行えるはずがない。「90日留保」は、アメリカ側が到底達成不可能な要求を中国に突き付ける〝パワハラ〟という見方が正しいだろう。

その上で、孟晩舟氏の逮捕がアメリカの対中戦略の一環であることも疑いようがない。カナダ当局が逮捕したことが、その根拠の1つだ。

この前日の11月30日、同じブエノスアイレスでアメリカとカナダ、メキシコは、NAFTA（北米自由貿易協定）を改定した新協定「アメリカ・メキシコ・カナダ協定（USMCA）」に調印している。元々カナダは、中国とのFTA（自由貿易協定）締結を模索していたため、USMCAの締結に難色を示していた。というのも、USMCAは「非市場経済の国」とFTAを締結することを事実上禁止しているからだ。

「非市場経済の国」が中国を指していることは言うまでもない。

アメリカ商務長官、ウィルバー・ロス氏はこの条項を「ポイズンピル」（毒薬条項）と呼んでいる。ポイズンピルとは、M&Aの敵対的買収に対する防衛措置だ。既存の株主に新株予約権を与えたり、従業員に一定の価格で自社株を購入できる権利「ストックオプション」を与えて買収を防ぐ条項である。

つまり、「メキシコとカナダは中国に身を売らない限り、アメリカが利益を与える」という条項で、「毒薬条項」はロスチャイルドに従事したM＆Aのプロである、ロス氏らしい表現だと言えるだろう。

ここから考えれば、アメリカ自身も中国とFTAを結ぶ気はないということになる。また、USMCAは今後アメリカとのFTA条約のひな型になるとされていて、締結を予定しているイギリスも日本も、中国とのFTA締結が不可能になったということを意味する。

24時間、地球上の核ミサイルや、戦略爆撃機などの動向を監視している「NORAD」（北米航空宇宙防衛司令部）は、アメリカとカナダの共同運営だ。両国は軍事同盟を結んでおり、カナダがアメリカに反旗を翻すことは核防衛の点からも不可能といえる。「親が言ったら白も黒」とはヤクザの盃の口上だが、アメリカの要請による逮捕は、カナダから中国への絶縁状に他ならない。

孟氏の逮捕後、中国当局はカナダの元外交官や企業経営者を相次いで拘束している。もし、中国当局がアメリカ人を逮捕すれば、アメリカ側は孟氏を本国に移送するカードを切ることになるだろう。さらにカナダ人と同じように、アメリカ人の逮捕が相次げば、孟氏を起訴するカードもある。突然米中の代理戦争の表舞台に引きずり出され、国民が拘束されたカナダには気の毒だが、「90日ルール」を突き付けたアメリカにとって、最良のタイミングの人質確保だったと言えるだろう。

中国を対称性の戦場に引きずり出せ

さて、次に、多くの中国企業の中でなぜファーウェイが狙い撃ちされたのかを、私なりに分析してみた。

ファーウェイについては、2018年8月13日に中国通信機器の大手ZTE（中興通訊）と共に、中国情報機関と関係があるとして、アメリカの政府機関での製品の使用を禁止する「国防権限法」が成立している。

しかし、孟氏の容疑はこれに関連するものではなく「詐欺罪」だ。アメリカはイランに制裁措置を行っているが、ファーウェイの子会社「スカイコム」が取引を行った。孟氏は、この違反取引にあたって、アメリカの金融機関に虚偽の事実を告げたとアメリカ側は主張している。

一方で孟氏逮捕に至るまで、アメリカ政府が中国共産党によるスパイ活動対策に本腰を入れたことは、以下の2018年に相次いだ逮捕、起訴でも明らかだ。

・1月、FBIがCIA元職員の李振成氏を逮捕、起訴
・6月、FBIが元米国防情報局のアメリカ人を逮捕
・9月、司法省が留学ビザで入国した紀超群氏を逮捕
・10月、中国の情報機関の幹部である徐彦君氏をベルギーにおびき出した後、逮捕し身柄を移送。同月には中国情報機関・国家安全省の幹部とハッカー10人を訴追

背景には、中国の対米戦略が「非対称性」を武器にしていることがある。

説明しよう。

米海軍は空母群を中心に展開する。中心になる空母は建造費だけで1隻約5600億円。空母に搭載される戦闘機、F/A-18E/Fが1機約90億円で70機搭載できるから、6300億円。この他にヘリ、人員、整備費、搭載武器などを合わせれば、空母は〝浮か

ぶ金塊〟だ。

対して、対艦ミサイルは1発約1億円。中国の軍事技術の中心は空母建造ではなく、より高性能の「対艦ミサイル」開発に向かって進んでいる。「走る金塊」が「1億円」のミサイルで沈んだ時のコストパフォーマンスは計り知れない。高価格なものを、低価格な武器で打ち破る——まさに非対称だ。

これは現在、大統領直轄の国家通商会議の初代委員長である、ピーター・ナヴァロ氏が著書『Crouching Tiger（米中もし戦わば）』で指摘したことだ。ナヴァロ氏は軍事に特化して中国の「非対称性戦略」を解説したが、私は経済でも「非対称戦略」が機能していると考えている。

自動車、半導体からトイレットペーパーまで、人件費が安く、環境問題などおかまいなしの中国製品の生産原価は、アメリカに比べて非対称となる。世界の生産工場となったことで、開発ノウハウや設計図は手に入り放題となった。追い付かない技術については開発費にコストをかけるより、盗めば非対称の勝負ができるということで、スパイ行為は後を絶たない。

冷戦構造化でソ連は、アメリカの軍事力と対称で張り合ったため、予算の多くを軍事費に投下した。とどめを刺したのは、レーガン政権下で提案された「スターウォーズ計画」だ。莫大な軍事費を投下する「宇宙戦」構想につられ、国内投資用の資金さえ軍事費に投入したソ連は崩壊した。

現在のトランプ政権には、レーガン政権でＵＳＴＲ（アメリカ合衆国通商代表部）次席代表として活躍したライトハイザー氏など、レーガン時代のスタッフが多くいる。アメリカが中国との対立を「冷戦と同じ対称の図式にしたい」と考えているということは、合理的に導き出せるだろう。

一連の偏執的ともいえるスパイ逮捕も、窃盗という手段によって開発費を安くし、「非対称」化を進めることを阻止するための、アメリカの防衛策だ。11月1日には米司法省が、中国の経済スパイの監視を強化する「チャイナ・イニシアチブ」を発表したことからも、アメリカの本気度は理解できるだろう。

その中国が発表した国家プロジェクト「中国製造２０２５」の実現のためには、盗むだけではなく対称の場所に立たなければならない。中国は自ら、技術・生産の分野で「対称」に戦略を切り替えたのだ。

そして「対称性」の優良企業こそが、ファーウェイである。

通信速度という名の戦略物資

多くの日本人にとって、ファーウェイはスマートフォンのメーカーという認識だろう。だが、世界市場でのスマートフォンのシェア率は、サムスンの19・3％に次ぐ13・3％の世界2位（18年4－6月期）。対して、ファーウェイの通信基地局のシェアは27・9％（17年）で、2位のエリクソン26・6％に勝っている。

何より注目するべきは技術を盗むのではなく、自社で開発する〝優良企業〟である点だ。17年のファーウェイの研究開発費は約1兆3000億円で、売り上げの実に約15％。ファーウェイ自体は上場していないにもかかわらず、この研究費の比率は世界の上場企業と比べても第7位だ。さらに国際特許出願率は15年1位、16年2位（1位はZTE）、17年が1位。日本で初任給40万円の募集が話題になったように、人件費も国際水準だ。

つまり、ファーウェイは、世界の企業と対称ばかりか、市場からマネーを集めなくてもこれだけの開発を行える超優良な「対称」の企業といえる。

「対象」となれば、アメリカには攻撃のノウハウがある。そこで「情報漏えい疑惑」がフアーウェイ攻撃の材料となった。

重要なのは、次世代通信技術「5G」だ。10Gbps以上の速度など、現在広く普及しており、これまで最高の通信速度だった「有線」をはるかに凌駕する性能だ。

「情報速度」は国家にとって、石油や穀物などと同じ戦略物資の1つである。

15世紀半ばからの大航海時代には、移動速度を求めて流体力学が国家プロジェクトとして研究された。人や馬車よりも、早く移動できる鉄道の発展はより広範な情報の入手を可能にさせ、国家を繁栄させる原動力となった。第一次世界大戦では軍用機が導入され、攻撃と同時に最前線の状況を把握する手助けにもなった。

現在では、情報そのものが破壊力をもっている。その好例の1つが、少し前に問題になった証券取引における「フラッシュオーダー」だ。これは限られた人にだけ0・03秒ほど早く情報を開示する仕組みだ。人間にとっては瞬時でも、高性能コンピューターにとってはあくびが出るほどの長い時間だ。限られた人たちが、機械が0・004秒でオーダーを繰り返し、易々と巨万の富を築いたのだ。

わずか「0・03秒」先の未来を入手することは、これほどの威力を持っている。

事実アメリカの思惑通り、イギリス、日本、オーストラリアなど「新たな連合国」が、アメリカに追従して早々にファーウェイ製品を市場から追い出すことを表明した。今後は、5Gへの切り替えと共に同盟国製の基地局を設置すれば、アメリカは通信速度という戦略物資を手中に収めることもできるだろう。

現在までのところ、ファーウェイの通信機器がスパイや、中国共産党の思惑にしたがって突発的に停止するという証拠は示されていない。そもそもファーウェイが、安全保障のリスクになるかならないかを、アメリカは実は本質的な問題にしていないのではないかと、私は考えている。

ファーウェイは、アメリカが「通信速度」という戦略物資入手のために潰すか、懐柔させなければならない目標ということだ。それは「米中貿易戦争」が「米中技術戦争」へと深化していく一歩だと私は考えている。

アメリカの日本つぶしを研究した中国

ファーウェイの機器に今のところ問題が発見されていないとはいえ、逮捕された副会長兼CFOの孟氏は、過去11年間に、8通以上のパスポートを所持していたことが明らかになっている。中国のものが4通、香港が3通、そして中国の「公務普通旅券」を所持していたと報じられた。外交官が持つ「外交旅券」と区別されているものの、「公務普通旅券」は国家公務員が所有するものだ。また、香港旅券のうち2通は異なる名前となっていた。

2019年1月には、孟氏の父であり、ファーウェイの創業者で最高経営責任者（CEO）の任正非氏が、記者会見を開き「中国政府に不適切な情報提供を要求された場合は」と問われて、「拒絶する」と答えた。また、任氏は「中国共産党を支持する。（略）個人的な政治信念と華為（ファーウェイ）のビジネスが密接に関連しているとは考えていない」と断言している。しかし、孟氏のパスポートの一件は、中国共産党の特別待遇がなければ成立不可能だ。スパイ疑惑の真偽はともかく、ファーウェイが中国共産党と「特別な関係」であることは疑いようがない。

その孟氏の逮捕から1カ月が経とうとした2018年12月29日に、アメリカ大統領、ドナルド・トランプ氏が、中国の国家主席、習近平氏と電話会談を行った。協議の内容は貿易交渉や北朝鮮問題などと報じられ、その直後、トランプ氏は「取引はうまくいっている」とツイートした。しかし「いよいよ貿易戦争が解決して、再び自由貿易の時代へ一歩前進した」という楽観論は捨てるべきだ。

考えなければならないのは、アメリカの対日方針によって、日本がどうなったのかという歴史だ。

1960年代中盤に対日貿易が赤字になったことをきっかけに、アメリカは日本に輸出規制を飲ませるようになった。品目は繊維、鉄鋼からカラーテレビ、自動車へと移る。

それでも対日貿易赤字は拡大し、今度は円安ドル高の為替に手を付ける。85年のプラザ合意がそれで、急速な円高ドル安へと進んだことで、日本は円高不況に陥る。そこで日本政府は内需拡大に向けて大幅なインフラ投資を実践。こうして日本がバブルに突入した。

だが日本市場開放の要望はとどまらず、89年から日米構造協議が始まる。アメリカの要請による構造改革の結果、日本の護送船団方式は崩れ去り、93年のバブル崩壊後は、アメリカ企業を中心に企業買収が相次ぎ、人々は外資を「ハゲタカ」と呼んだ。

この日本経済崩壊の流れの中で、83年からの2年間レーガン政権下で米通商代表次席代表を務め、日米間の最前線で交渉に立った人物こそが、現在、トランプ政権で通商代表を務めるロバート・ライトハイザー氏だ。また企業買収と売却によって、痛みを伴う再生を実践してきたハゲタカ外資の一員、ウィルバー・ロス氏は、トランプ政権で商務長官を務めている。

米中貿易戦争における中国に対する対応と、このスタッフから考えれば、アメリカが80年代からの対日対策を、そのまま対中政策に当てはめて実行していることは明らかだと言えるだろう。構造改革については、すでにトランプ氏自ら習近平氏に要求済みだ。

2012年の尖閣諸島国有化に対して、「愛国無罪」を合言葉に中国国内で日本企業に対して行われた略奪や破壊。13年の中国艦船による海上自衛隊への火器管制レーダーロックオン事件。14年の小笠原諸島、伊豆諸島周辺でのサンゴ密漁問題。16年の中国空軍機による航空自衛隊戦闘機へのロックオン事件など、合法、非合法を問わず中国の脅威にさらされている日本人の間で、反中感情が高まっているのは事実だろう。

だがマネーの世界で生き残るために必要なのは、冷静な評価分析だ。中国に対する激情に駆られて、中国の実力を見誤るのは危険なことだと私は考えている。

中国が「非対称」を選ぶ大きな教材が、軍拡という「対称」の勝負に引き込まれ、ついに崩壊に導かれたソ連である。学習能力を持つ中国が、80年代からアメリカが日本に対して行ったことを研究していないはずがない。

18年の米中貿易戦争勃発からここまで、アメリカの急激な政策転換を正当に評価できず、中国は後手に甘んじてきた。しかし、同年12月1日の米中首脳会談から、同月27日の電話会談で、中国側が態度を改めたことは明らかだ。先の学習能力の評価を併せれば、中国はアメリカに、ただ譲歩してもろ手を上げたということではなく、防御に回ったと私は考えている。

根拠の1つが、中国が石油備蓄量を増やしているという地下経済からの観測だ。戦略物資である石油を蓄えることは、戦争を含む、あらゆることに対する備えだからである。

一帯一路と国家ヤミ金「AIIB」

中国にしてみれば、アメリカと太平洋を挟んで全面対決を急がなくても、ユーラシア大陸西側に向かうことに集中すればいいだけの話だ。中国には経済・外交圏構想「一帯一路」があるからだ。これは、中国を中心にした経済圏構想で、「シルクロード経済ベルト」という陸への進出と、「21世紀シルクロード」という海への進出の2つから成る。南沙諸島へと進出したのも、この経済圏構想によるものだ。

だが「経済圏構想」の実態は、中国の版図拡大だ。

拡大の中で中国政府は、ＡＩＩＢ（アジアインフラ投資銀行）を通じて新興国のインフラ開発に融資する。しかし、焦げ付いた国からは陸路や海路の拠点を合法的に収奪している。実際に、ギリシャのピレウス港、スペインのバレンシア港、スリランカのハンバントタ港など海洋拠点を手中に収めることに成功した。

ペンス演説の「借金漬け外交」とはこのことだ。

中国共産党運営の「国家ヤミ金」の恐ろしさに気付いた国では、すでに「一帯一路」から離れようとしている。

陸の部分で反旗を翻したのが、マレーシアの現在の首相、マハティール氏だ。

マハティール氏が最初に首相となったのは81年のこと。97年に起こったアジア通貨危機においては、欧米諸国の投機筋による投機的取引が原因と指摘。批判にさらされながら、翌98年に通貨危機に苦しむアジア諸国に先駆けてマイナス成長からの脱出に成功した。

だが、マハティール氏が03年に退陣すると、中国はマレーシアへの影響力を強めていく。

それは地政学的な理由――マレーシアの西側にあるマラッカ海峡を求めてのことだ。

中国は現在、世界第2位の石油消費国であり、世界第1位の石油輸入国だ。そしてその輸入の実に8割以上が、マラッカ海峡を通過している。有事の際、マラッカ海峡を封鎖されれば、その経済的影響力は計り知れない。

だが、この要所の安全保障を担っているのはアメリカだ。アメリカはシンガポールのチャンギ海軍基地に、最新鋭の沿岸警備戦闘艦を配備。さらにシンガポールの特殊部隊を、ビンラディン暗殺作戦などを成功させたアメリカ海軍の特殊部隊、ネイビー・シールズが指導も含めて支援している。

マラッカ海峡への脆弱性は「マラッカ・ジレンマ」と呼ばれ、中国の悩みの種だった。そのために、マレーシアを中国色に染め「一帯一路」を進める下地とした。

具体的には、中国主導で中国からラオス、タイを縦断してマレーシアまで全長3000kmの鉄道インフラを作ろうという計画だった。ラオスの縦断鉄道は、2021年の完成を目指してすでに着工を開始。その一環として、マレーシアには「東海岸鉄道計画」(ECRL)を持ち掛けた。タイ南部からマラッカ海峡まで、マレー半島を東西横断し、クアラルンプール近郊と東西の重要港を結ぶ総距離約680kmの鉄道を作ろうというものだ。終着点のクアラルンプールは、マラッカ海峡に面している。

だが、マハティール氏は、

「中国主導のECRLは非常にリスクが高く、しかも理にかなっていない。マレーシアにとってまったく有益ではない」と、首相就任早々に明言。一帯一路の投資リスクを説明し、計画に乗れば新たな負債を抱える結果に終わることを説きながら、ＥＣＲＬの中止を電撃的に表明した。「マラッカ海峡」を目的に、大規模な鉄道施設を試みた中国の野心は、こうして砕けることとなったのだ。

マハティールの裏にアメリカの影

80年代には、「日本の集団主義と勤労倫理を学べ」という「ルックイースト政策」を実行し、親日派として知られるマハティール氏だが、アメリカの与党、共和党の古参議員とも親交がある。

この決断の背景に、アメリカの影響があったことは間違いないと言えるだろう。

そのマレーシアのさらに西側、インドの首相、モディ氏も一帯一路に反旗を翻した１人だ。中国とインドの間では、１９６２年に中印国境紛争が起こるなど、現在でも国境を巡る緊張は解けていない。中国の危険性をよく知るモディ氏は、２０１７年の一帯一路フォーラムをボイコット。さらにＡＳＥＡＮ諸国と陸・空・海などの各分野で、物理的な繋がりを強化する「アクト・イースト構想」で、西側からの中国の進出を防ごうとしている。

そのインドは、パキスタンと過去に3回戦争を行っている。2月14日には、パキスタン政府が支援しているとインド側が主張するイスラム過激派が、インドで自爆テロを起こし42人が死亡。2月26日に、インドが報復として空爆を行い、パキスタン側とインド側で空戦が行われた。インド側2機、パキスタン側1機が撃墜されたが、脱出したインドのパイロット1名がパキスタンに拘束される事態が起こる。

ストックホルム国際平和研究所の発表によれば、２０１３年〜17年の間に、中国はパキスタンに、総輸出武器の38％を売っている。パキスタンは「お得意さま」ということだ。また、国家ヤミ金「ＡＩＩＢ」によって、パキスタンのグワーダル港を収奪した。中国は、そのグワーダル港から石油を荷揚げし、鉄道などによってカラコルム山脈を経由して、中国のカシュガルまで運ぶことを計画している。

マラッカ海峡を落とせなかった中国には、パキスタンの安全保障を守る理由があるということだ。

パキスタンは拘束したパイロットをインド側に引き渡し、和平の意図を示したものの、このような中国の事情もあり、事態がどこに向かうのか未だ見えない状況となっている。米中貿易戦争の裏側で、西方へと版図を拡大しようとする中国の一帯一路が、ユーラシアの安全保障を脅かしているといえるだろう。

「金《ゴールド》」を買い漁る中国

現在の米中間の貿易戦争は「物」を巡る関税を武器とした応酬だが、「物」の動きには「金《マネー》」の動きが連動する。「人民元がドルから独立しようとしている」という観測が、地下経済に届いている。

ご存じのように人民元は事実上、ドルペッグ制となっている。経済基盤の弱い新興国では為替相場も不安定で、第三国の通貨による影響も受けやすい。そこで、為替レートを安定させるために、基軸通貨である「ドル」と連動させることをドルペッグと呼ぶ。

簡単にいえば、人民元はドルの支配下に置かれている状態なのだ。

アメリカが中国製品への追加関税を発表してから、中国はこれまで以上に「金《ゴールド》」の購入量を加速させている。文化的な背景から中国市民は資産としての金保有を好むのだが、今回の動きはそうしたレベルではない。金《ゴールド》を求めているのは中国の政府系企業で、しかも現物だ。石油備蓄量増加の時がそうだったように、地下経済人たちはこの種の動きに鼻が利く。私の顔見知りもこの機に一儲けをしようと、中国向けの金《ゴールド》を求めて激しく動いている。

これらの動きから考えられる可能性の1つが、人民元のドル支配からの脱出だろう。第二次世界大戦の終戦直前、アメリカに世界の中央銀行が保有している金《ゴールド》の3分の2が集まり、ドルは「金1オンス＝35ドル」の基軸通貨となった。

現在の世界情勢で、人民元が今すぐドルの呪縛から離脱することは難しいものの、外貨を自国内にプールしながら、金《ゴールド》の保有量を上げることで、少しでもドルの影響力を弱くしたいという中国政府の思惑は見えてくるだろう。

米中の「リセッション」を警戒し始めた金融界

その金融については、米中両国ともに奇妙な動きがある。

景気が後退する局面を「リセッション」という。リセッションに入る予兆については、不動産価格、通貨、失業率などさまざまな説があるが、金融こそ一番早くシグナルを伝える要素だと私は考えている。

18年末にかけてＩＭＦ（国際通貨基金）と世界銀行は、19年の中国の成長率について、6・2％という見通しを発表した。これは、天安門事件で経済制裁を受けた90年と同じ水準である。また、18年中国政府は今年度のＧＤＰ（国内総生産）成長率目標を「6・5％前後」としていた。しかし3月5日に開かれた第十三期全国人民代表大会第二回会議では、首相の李克強氏が19年の実質ＧＤＰの成長率目標を「6～6・5％」と引き下げている。

中国だけに数字の信憑性は疑わしいが、何かと「盛る」傾向の多いあの国が自発的に引き下げを発表したことは、注目に値することだ。また、この原因を李克強氏自ら米中貿易戦争の影響と説明していることから、アメリカの対中政策は確実に効いているということになる。

実は黒い経済界では、ある異変が観測されている。それは中国の富裕層が、莫大な資産を海外に逃がしているというものだ。

かつて中国は香港を金融センターにして、外貨のやり取りをしていた。しかし現在、特別行政区である香港にドルを持って行っても「要らない」と断られるようになっている。

代わって勧められるのは、中国政府が新たに支配下である内陸に作った金融センター「深圳」への持ち込みだ。

一方で、中国政府は16年に、外貨持ち出しに上限規制を設けた。それでも外貨持ち出しを望んだ中国人たちが仮想通貨「ビットコイン」に流れ込み、仮想通貨の投機ブームが起こる。そこで中国政府は18年にビットコインを禁止にし、外貨持ちだしの上限を1万5000ドルに引き下げた。中国国内でビジネスを行い稼いだ金《マネー》を持ち出すことも、かなり難しくなっている。

「外貨はすべて国内に引き入れ、一度入れた金《マネー》は国外に出さない」

というのが現在の中国政府の方針である。

そんな中国人富裕層たちが、現在、資産逃避のツールとして愛用しているのが、「VISAデビット」だ。使用者の口座残高いっぱい、海外で現金を引き出せる機能があるということで、身体一つで第三国に行き、現地で楽々とドルを引き出している。ただし引き出す金額は、〝お買い物用〟といったかわいいものではない。何度も引き出し、億単位の現金を逃避させる者も多くいる。

禁忌に手を染めたアメリカ銀行

対するアメリカの経済は現在、数字の上では順調だ。中央銀行にあたるFRB（連邦準備制度理事会）によれば、18年の成長率が3・0％と他の先進国を大きく上回り、19年の見通しが2・3％となっているが、これは「堅調」と呼べる数字だ。また、18年の失業率3・7％は、49年ぶりの低水準となった。

一方で19年2月には、自動車ローンを期限通りに返済できず90日以上遅れている人が約700万人いると報じられた。アメリカにとって自動車は「足」ということで、低所得者層がさらなる貧困に陥っているのではないかという観測も併せて報じられた。これを経済のバロメーターとして見た時、景気は後退しつつあるのではないかとされ、議論が二分されているのだ。

はたしてアメリカはリセッションに向かうのか――地下経済では不穏な動きを伝えるニュースが流れている。

金融大国アメリカにあって、銀行は高いレベルの透明性や健全性が求められる。ところが多くは明かせないものの、アメリカの一部銀行が不良債権をペーパーマネーで補填する動きが観測されているのだ。ペーパーマネーとは、額面に比べて実質的な価値が極めて低い証券だ。

極端に言えば、30万円で1億円の証券を作り出すこともでき、その専門のブローカーもいる。不良債権によって赤字になった時、この「額面だけの証券」で帳簿上埋め合わせをすることは粉飾決算に近い行為だ。私の知る限り、これまでアメリカの銀行は、この荒技を使ってこなかった。しかし、18年度末くらいから、一部の銀行が「黒いウルトラC」を行ったことは、アメリカの金融にとって不気味なシグナルであるといえるだろう。

対中貿易で赤字を膨らませたアメリカの場合、その原因のすべてを米中貿易戦争に求めることは難しい。だがアメリカは、09年以来、実に9年半にわたって景気を拡大し続けてきた。潮目が来たか否か——予断を許さない状況であると、私は考えている。

トランプとライトハイザーの「温度差」

米中貿易戦争においては、景気後退リスクを抱えながら、チキンレースを米中両国が行っているというのが私の認識だ。19年の3月に入って、米中貿易戦争の現状について、トランプ氏の肉声が報じられている。まず2月2日、台湾中央通信が鴻海精密工業の会長、郭台銘氏の言葉として報じた次のものだ。

「（トランプ氏から）『米中貿易戦争は近く合意に達する。プロセスは順調だ』と伝えられた」

3月1日のアメリカによる対中追加関税引き上げ期限を前にした2月中旬、米中両国は協議を開始。2月13日にはトランプ氏が、執務室で記者団を前に協議の状況をこう伝えた。

「極めて順調に（解決に向けて）進行していると思う」

「彼らは我々に大きな敬意を払っている」

この言葉通り、3月1日の追加関税は一時延期されている。

だが、一連のトランプ発言と延期の実行をもって「雪解けへの前進」と判断するのは、あまりに早計だと私は考えている。獰猛な猛禽類であるアメリカが、一度口にくわえた——しかも弱りつつある獲物を、簡単に手放すとは思えないからだ。何よりトランプ政権には、バブル前後の対日対策を行った実務者が多くいる。日本に構造改革を迫って実現させたように、中国に構造改革を強要する欲望を捨て去ったとは考えにくい。

その根拠の1つとなるのが、延期前日に下院の公聴会でUSTR（アメリカ合衆国通商代表部）代表、ライトハイザー氏による次のような一連の発言だ。

「たとえ最初に、一部ないし大半の追加関税が撤回された場合でも、中国が通商合意を破ったなら、履行メカニズムの一環として追加関税を復活させることができる」

「進展に乏しい場合は、アメリカは『相応』で『一方的』な措置で対応する」

中国側が、アメリカ産の農業製品などを中心に輸入を6年間で1兆2000億ドル増やすという案を提示したことについて、「『大豆の解決策』にとどまらない合意を目指している」とし、これまでの姿勢は変えないことを強調した。

これらの発言を考えれば、アメリカは中国が完全に自分たちの言い分を飲むまで、強硬姿勢を変えるつもりはないということになる。

だがここで考えたいのは、トランプ氏の楽観的な発言とライトハイザー氏の発言の〝温度差〟だ。ライトハイザー氏は、この公聴会で、2月13日のトランプ発言を「仮説」として説明。トランプ-ライトハイザー間の確執が報じられることとなった。

実は貪欲なアメリカに捕らわれているのは、トランプ氏自身なのではないかと私は考えている。組織のトップというのは象徴であって、その権力を発揮できる範囲は考えられているより狭い。ましてや、民主主義という「独裁」に対する抑止装置が幾重にも設けられている政治制度の中では、より限定的になる。

日本最大のヤクザ組織山口組において、三代目・田岡一雄組長はトップダウンのガバナンスによって組織を統制した。「独裁」にもかかわらず、内乱も起こらず組織が拡大できたのは、田岡組長が福利厚生のシステムを実施したことが大きい。すなわち配下の組員に、ヤクザな商売ではなく、一般社会で通用する「正業」を推奨し、それを持たせるために尽力したのだ。

しかし、絶対的カリスマを失った山口組は執行部体制へと移行し、民主主義的組織運営を行うようになると、トップの権限は限定的なものとなった。権限の縮小がガバナンスの崩壊に繋がり、四代目以降、内乱の時代に入ったことは周知の通りだ。

誰がための米中貿易戦争

トランプ氏は「不動産王」と呼ばれるほどの元経営者で、外交交渉を「ディール」（取引）と呼ぶビジネスマンだ。相手を殺してしまえば、そこからは何も生まれないのだから、ビジネスにおける「ディール」は相手から利益を完全収奪するのではなく、有利な交渉を引き出して終わることが最良の結果となる。

一連の発言から、トランプ氏自身は米中貿易戦争を「そろそろ手打ち」と考えている可能性があると、私は読んでいる。

1つの根拠となるのが、あの「ファーウェイ」に対する各国の態度への対応だ。

2018年の孟氏逮捕以降、アメリカは「ファーウェイ製品」の市場からの排除を同盟国に呼びかけた。実際に日本、アメリカ、オーストラリア、ニュージーランド、イギリス、フランス、ドイツなどが続々と、排除の方向に動き始める。

だが2月6日、まずドイツがファーウェイを排除しない方針を決定する。無論、中国に近いドイツがこうすることは理解できる。だが、2月17日にはイギリスのNCSC（国家サイバーセキュリティーセンター）が、ファーウェイについて条件付きとしながら「製品を利用した場合に発生するリスクを抑制できる」と最終的判断したことが報じられた。NCSCは、16年に政府の肝いりで作られた、イギリス初のサイバー犯罪対策の専門機関だ。

つまり、イギリスも政府主導でファーウェイを排除しないということになる。

米英間では、1943年にBRUSA（Britain-United States of America Agreement）協定が結ばれ、通信・電波の傍受による情報収集活動施設が共同利用されている。46年にこの協定は、UKUSA（United Kingdom-United States of America Agreement）協定に名称を変更し、カナダ、オーストラリア、ニュージーランドが参加する。

この5カ国は「ファイブアイズ」と呼ばれ、ファーウェイ排除の中核となっていた。諜報の世界の歴史的な経緯を考えれば、イギリスがファーウェイを認めたことは、大きな事件であるとさえ言えるだろう。

いつものトランプ氏であれば、排除撤回を求めてツイートを繰り返すところだが、現在までのところ、その声は聞こえてこない。だが、イギリスの発表の前日、副大統領のペンス氏は、ミュンヘン安全保障会議でファーウェイについて、

「中国の法律で巨大な保安組織にデータを提供するよう要求されている」

と主張した上で、同盟国などに

「通信技術や安全保障システムの完全性を傷つける企業を排除するよう求める」

と改めて要請した。さらに、ライトハイザー氏は先の公聴会で、

「自分が望むのは、特に知的財産権と技術移転の分野で、経済の深い構造改革を実施する

という中国との約束が取り付けられた履行を強制し得る合意だ」と主張している。

ライトハイザー氏が、レーガン政権でUSTRの上級スタッフとして活躍したことは前述した通り。またペンス氏は、以前のオフィスに「テーブル・オブ・ヒーローズ」と称した机を置き、レーガンなどの写真を飾っていた。「これを見ることで、自分が何者であるかを確認する」と、ペンス氏はメディアに答えている。

2016年大統領選挙でレーガン同様に「強いアメリカ」の復活を唱え、政策の類似点などから「レーガンの後継者」と報じられることが多いトランプ氏。だが、レーガンが実現した「強いアメリカ」の妄執に縛られつつあるのは、トランプ氏のようである。

前述したように、ライトハイザー氏やペンス氏などの側近ばかりかアメリカ議会もこの緊張をけん引している。トランプ氏がディールの終結を望んでも、それを実現させない「力」が存在しているということだ。45年から89年までの実に44年間、アメリカは旧ソ連と冷戦を演じる。是非はともかく、2つの巨大大国が緊張を生み出すことで、自由主義陣営は高度経済成長を得ることとなった。

猛禽類のごときアメリカの利益追求は、91年に旧ソ連を崩壊させるまで続いたのである。

第3章

再編される「乱」世界

米朝は「決裂」していない

インドとパキスタンの間に起こった衝突の解説で触れたように、米中の覇権を巡る攻防戦は、第三国での紛争という形で噴出する可能性が大きい。世界の再編は、大陸プレートがぶつかりあい隆起するように、地球儀のどこかで血と硝煙を立ちこめさせることになるのか——戦争という暴力的経済活動は為替や石油価格、株価などを変動させる重要な要因ということで、私にとって関心事だ。

そこで新世界に向かう暴力地図を眺めてみよう。

2月27日、28日にかけてベトナムで開催された米朝首脳会談の結果を、多くのメディアは「決裂」と伝えている。私の結論は、これとは違った評価なのだが、まずはトランプ氏と北朝鮮の朝鮮労働党委員長、金正恩《キムジョンウン》氏との「核」をめぐる歴史を整理するところから始めよう。

両者の対立はトランプ氏が大統領に就任した年——2017年に遡る。この年、北朝鮮

北朝鮮によるミサイル発射実験

年	日付	
2016年	1月6日	13年以来4度目の核実験。水爆と主張
	2月7日	長距離弾道ミサイル「テポドン2改良型」発射
	4月23日	潜水艦発射弾道ミサイル(SLBM) 発射
	6月22日	中距離弾道ミサイルを2発発射。「ムスダン」とされる
	8月24日	潜水艦発射弾道ミサイル(SLBM) 発射
	9月5日	中距離弾道ミサイル「ノドン」3発発射
	9月9日	5回目の核実験を実施
2017年	2月12日	新型弾道ミサイル「北極星2型」発射
	3月17日	SWIFTが北朝鮮の全銀行へのサービス停止を決定
	3月22日	弾道ミサイル発射。失敗
	3月6日	中距離弾道ミサイル「スカッドER」を4発発射
	4月16日	弾道ミサイル発射。失敗
	4月29日	弾道ミサイル発射。失敗
	4月5日	弾道ミサイル発射。失敗
	5月14日	弾道ミサイル「火星12」を発射
	5月21日	弾道ミサイル発射。「北極星2型」とされる
	5月29日	弾道ミサイル発射
	6月8日	地対艦ミサイル数発を発射
	7月28日	弾道ミサイル「火星14」発射
	7月4日	弾道ミサイル発射
	8月26日	短距離ミサイルを３発発射
	8月29日	弾道ミサイル「火星14」を発射
	9月3日	6回目の核実験を実施。水爆と主張する
	9月15日	「火星12」を発射
	11月29日	「火星15」を発射

※『平成30年度版防衛白書』より作成

は取り憑かれたようにミサイル発射実験を繰り返す（119ページ表参照）。そして9月3日には、通算6回目となる核実験を行った。この時、北朝鮮側は原爆より強力な「水爆実験の成功」を発表した。

原爆は核分裂反応により発生するエネルギーを利用する兵器。だが、水爆は原爆を起爆剤として核分裂反応よりははるかに大きなエネルギーを放出する核融合反応を起こす兵器で「ダブルボム」とも呼ばれ、強い威力を持つ。北朝鮮の核実験では、通常の核爆発より威力が強力だったものの、「水爆クラス」でないことが観測されている。

この時、アメリカによる空爆のXデーが、霞ヶ関の住人から私に伝えられていた。

1つは、トランプ氏が日本の総理、安倍晋三氏に伝えた話として一部メディアで報じられた「9月9日」説。もう1つが9月20日の新月を前後した説だった。9月9日は北朝鮮の建国記念日で、この前年の2016年にも核実験を実施した〝前科〟がある。当日は、金正恩党委員長をはじめとする北朝鮮のトップが集うのだから、空爆のターゲットは「人」ということになる。また、20日の新月を前後するのであれば、ターゲットは「軍事施設」となるだろう。

実際には起こらなかったものの、米朝の緊張は高まる一方だった。

もっとも考えなければならないのは、超大国アメリカに比べれば、小国である北朝鮮がなぜ挑発を繰り返すのかという点だ。この背景を暴力社会のロジックを使って、解き明かしてみたい。

石油取引での利益を銀行ごと没収された経験から、私は常々アメリカを「巨大暴力団」だと考えている。没収の原因は前述のように、私が銀行にプールする資金の流れに、アルカイーダ関係者のテロ資金が混入していたことだ。だが、アメリカはある時期から当然そのことを覚知していたはずだ。黙って監視をして、ある程度膨らんだら根こそぎ収奪する――この時、私はアメリカと暴力団の近似性を実感した。

もし石油という戦略物資に触るのであれば、アメリカの勢力圏に事務所を構え、アメリカにきちんと税金を支払うべきだった。実際に、アメリカに気遣いをしながら石油ビジネスを続けている黒い世界に住む個人ブローカーは多くいる。自分の縄張りでビジネスをして、税金という〝カスリ（上納金）〟を支払えば、ある程度のことは不問というのは、暴力団のロジックそのものといえるだろう。

さて、ではなぜ北朝鮮は、「巨大暴力団」アメリカを挑発するかのようにミサイル発射実験を行ったのか――大きな理由の一つが「沈黙の回避」だと私は考えている。

暴力団が強迫する際に「いわす（殺す）ぞ」「沈めるぞ」と言葉にしているうちは実は安全だ。一番怖いのは「沈黙」で、「沈黙」こそが次にアクションを起こすサインである。暴力団員が暇を見つけては、知り合いに連絡するのは寂しさからではなく、自身の安全保障のためだ。ちょうどトランプ氏が新大統領になり、その言動から軍事オプションの使用は十分にありえることだった。北朝鮮としては、新たな体制のアメリカに沈黙して欲しくないので、挑発をしながら言葉を引き出しているということだ。

一連の挑発行動こそ、まさに外交安全保障として機能していたのだ。

地上に唯一残った「核開発」の楽園

もう1つは、ミサイルの発射実験が最高のショーケースになっている点だ。16年は「飛翔体」の発射実験が多かったが、17年には中距離ミサイルの実験が多発している。ＩＣＢＭは北朝鮮製武器のフラグシップモデルであり、その性能を見ればお客さんは「北朝鮮製の他の武器も良い性能に違いない」となる。しかも、1回発射すれば世界中で報道してくれるばかりか、多くの国の調査機関が性能まで割り出してくれるのだから宣伝活動にうってつけだ。

石油はドルが支配しているが、「武器」と「穀物」の取引もまた、ドルが支配している。北朝鮮が国際武器博覧会を単独開催し続けた背景には、17年3月に起きた出来事にあると私は考えている。

それは、SWIFT（国際銀行間通信協会）が北朝鮮のすべての銀行に対して、銀行間決済に必要な通信サービスの提供を停止したことだ。

国際送金の多くはSWIFTのシステムを通じて行われるのだから、SWIFTの停止は北朝鮮が外貨――特にドルを獲得するルートを遮断されたことを意味している。燃料と食料が欲しい北朝鮮としては、自国産の武器を販売することで、是が非でもドルを手に入れなければならない。16年にわずか5回しか行わなかったミサイル発射実験が、SWIFT遮断以降9月まで11回も行われている事実がその根拠といえよう。

では、ミサイル発射が朝鮮労働党製兵器のショーウインドーだとすれば、6回目の核実験はどう考えたら良いのか。

環境問題が大きな課題となっている現在の世界情勢から考えると、諸外国で核実験はほとんどできない状況だ。あのアメリカでさえ臨界核実験に切り替えて、爆発させずに核兵器の品質を維持しているほどである。しかしこの地球上で、そうした非難を一切気にせずに核実験を行える唯一の国がある。それこそが北朝鮮だ。

すなわち、核開発は北朝鮮の独占分野ということになる。

第三諸国に核兵器を流出させれば、世界中から非難され激しい経済制裁を受けるが、これに耐えられるのも、これ以上ないほど強い経済制裁をすでに受けている北朝鮮ただ1カ国。イランをはじめとして「核」が欲しい国がたくさんある中で、核開発については北朝鮮が独占しているのだから、核実験はミサイルとは違う意味でのショーケースと言えるだろう。

フランスがイラクに「石油決済をユーロで行えば条件を有利に取引すること」を持ち掛けたことが、イラク戦争の原因の1つと言われるように、アメリカはドル支配の維持のためには躊躇なく暴力を行使する。ドルが基軸通貨であることを担保するのは、経済力だけはなく、米軍という世界最強の暴力組織だ。このまま北朝鮮を看過すれば、アメリカの武力神話が崩壊し、ドルの威信に傷をつける事態になりかねなかった。

それでもアメリカが、北朝鮮を看過してきた理由の1つが「統一資金」の問題だ。

東西ドイツ統一にあたって、ドイツの主要4経済研究所の1つハレ経済研究所が

2009年に、1兆3000億ユーロ（現在のレートで、約170兆円）がかかったと発表した。11年に韓国統一省が、南北統一に必要な費用について「2030年に統一すると事前に約53兆円、事後に約184兆円かかる」としている。ドイツは統一の経済的インパクトに耐えられたが、実に237兆円もの天文学的打撃に韓国が耐えることはできない。ババを引きたくないアメリカとしては、北朝鮮を崩壊させる形の南北統一は避けたいところだろう。

独立系の小さな組織が、大組織と渡り合って生き残るということがヤクザの世界でもあるのだが、この時、独立系の組織は他組織の動きを見ながら巨大組織と戦うのが常である。この国際情勢での別組織とは、北朝鮮がアクションを起こすたびに中国・ロシアは非難めいた声明を出した。両国ともに世界で存在感を示せるチャンスの1つが、北朝鮮をコントロールできるということだから、おとなしいよりは少々暴れてくれた方が助かることを忘れてはいけない。暴れる舎弟を「まぁまぁ待てや、そのへんにしとけや」と言ってなだめるようなものだ。

こうした状況を北朝鮮もわかっていて、実際に空爆されないギリギリの線を探りながら、ミサイルと核実験で〝営業活動〟をしていたのが、朝鮮半島クライシスの正体だったと私は考えている。

「挑発」で金正恩が得たモノ

暴力行使を封じられたアメリカは、17年9月12日の国連安保理での制裁決議で、戦略物資である石油の全面禁輸を提案した。禁輸は見送られたものの、初めて石油の輸入制限が制裁内容に含まれる。経済活動、生産活動ばかりではなく、船、戦闘機、戦車などに使用するため、戦争にとっても油は必需品だ。この局面で「石油の禁輸」を持ち出したアメリカは、石油と戦争の関係を良く理解していると言えるだろう。

その制裁決議から3日後の15日、北朝鮮は中距離弾道ミサイル「火星12」を発射する。多くのメディアは「反発」「挑発」という枕詞付きで報じたのだが、「挑発」も「反発」も感情的な行為である。

私は、「北朝鮮が感情にまかせて暴挙に走る国家」というステレオタイプの評価を、懐疑的に受け取っている。

金正恩氏の母は、父・金正日から「あゆみ」と呼ばれて寵愛を受けた大阪出身の在日朝鮮人だ。正恩氏本人も寿司が好物で、日本文化に囲まれて育った。12歳でスイスに留学し、4年間をヨーロッパで過ごす。朝鮮語のほかに英語・中国語・ドイツ語・フランス語を話すとされる。

経歴だけ見れば「革命の血族の末裔」というよりは、エリート・ビジネスマンのそれだ。麻薬や武器など黒い商品を扱い、北朝鮮主導部の利益確保が行動原理なのだから、主導者というよりビジネス・マフィアと呼ぶべきだろう。こうした人間が感情などで動くはずもなく、一連の行動に対して「反発」「挑発」という評価は当たらない。何かを得るために行っているとみることの方が、正しいと言えるだろう。

ミサイル発射の2日後に共産党の志位和夫委員長がツイッターに、〈北朝鮮に核兵器を放棄させるには、「この道を進めば未来はない」ことを理解させるだけでなく、「核放棄の方向に転換してこそ、安全が保障され、豊かな未来が開かれる」と実感・確信させなければならない〉

と発信。19日にはアメリカのトランプ大統領が国連で演説をして「ロケットマンは自殺任務に突き進んでいる」と批判した。まさに国内外思想・主義を問わず、核兵器とミサイルによって金正恩氏が核兵器によって何も得ていないとしていた。

だが金正恩氏は、2017年9月を通じて実に多くのモノを得たと私は評価している。

1つはこの国連演説で、トランプ大統領から

「アメリカの同盟国を守る必要に迫られた場合、北朝鮮を完全に破壊する」

という言葉を引き出した点だ。

完全破壊まで行うとすれば、その軍事行動にはロジスティックス（兵站）の整備が不可欠となり、一般的に準備に3カ月はかかる。つまり最短でもこの2017年の12月まで、猶予期間を作り出すことに成功したということになる。

さらに「石油」の問題でも多くを得たと言えるだろう。いわゆる「ABCD包囲網」によって石油の輸入を止められたことで、物資確保のために第二次世界大戦に突入したのが日本である。制限されたとはいえ「禁輸」させずに石油を得る道を残させたことは、金正恩氏が核開発とミサイル実験によって暴発の恐怖を掻き立てた成果だ。

火星14号とロシア

その時、石油の禁輸反対に働きかけたのがロシアの大統領プーチン氏だ。

もっとも大きなことは、プーチン氏を北朝鮮危機のフィクサーからプレイヤーにしたことである。そのプーチン氏の手足となって動く組織こそ、ロシアン・マフィアだ。

2006年頃、ロシアン・マフィアが販売する核物質が世界中で高額で取引されていた。鉱石から採取された天然ウランは、「イエローケーキ」と呼ばれるウラン含量の高い黄色いパウダーに精製される。原子炉や核兵器に利用するのは、天然ウランに0・7％しか含まれていないウラン235。イエローケーキを元に、濃縮することでウェハース状のウラン235をようやく抽出することができる。

ロシアン・マフィアは私に、ガラス状の特殊な容器に封入されたものを見せてくれたが、それこそまさに〝ウェハース〟だった。まずイエローケーキの入手自体が困難なこと、濃縮にはウェハースにするまでにも大量の特殊な遠心分離機とかなりの時間が必要なことなどから、手間を省いてそのものを売買していたということだ。ウラン235を入手すれば、やはり核燃料や核兵器に使用できるプルトニウムを手に入れることができる。

濃縮したウラン235が巨大な利益を上げることから、私もその市場に参入しようと接触したものの、参入障壁が高くて核物質の取り扱いは諦めた。ロシアン・マフィアが誰に販売したのかは言わなかったが。

北朝鮮の大陸間弾道弾ミサイル「火星14」には、ウクライナの部品が使われていると報じられていた。ウクライナは兵器大国で大小200以上の軍事工場があり、そこを仕切っているのもロシアン・マフィアだ。しかし直接北朝鮮に兵器の部品を供給すればテロ支援国家として制裁対象になってしまうため、ロシアン・マフィアが仲介する形でパーツを供給しているという構図だ。国家から資源を扱うことを許された官製犯罪組織の規模は「超絶」の一言で、その親分こそがプーチン氏である。

これまで裏方として北朝鮮を支えてきたプーチン氏だが、この時期の米朝関係について「挑発や圧力、敵意に満ちた攻撃的な発言はどこにもたどりつかない」「大規模な紛争に発展する手前」などと、大統領府サイトで積極的に発言していた。北朝鮮にしてみれば後見人である組長を引きずり出したようなものなのだから、しめたものだと言えよう。北朝鮮を軸にした米ロ代理戦争となれば、状況はますます拮抗することにもなる。

そうした混乱こそが北朝鮮の得意とする戦場だ。

中距離弾道ミサイル「火星12」は移動式で、この時は車両から直接発射され、3700㎞飛翔した。韓国国防省は500㎏の弾頭を載せて、5000㎞の射程を持つと分析している。だが、核について韓国が心配するのはナンセンスだ。平壌とソウルとの距離はわずか193㎞なのだから、虎の子の核を使わずとも、ソウルを砲撃で火の海にできるからだ。

この実験をグアムに到達できる示威とする人もいたが、問題はそう簡単ではない。平壌と北京との距離はわずか811㎞であり、習近平氏への「北朝鮮危機」参加のメッセージともとれる。目下、北朝鮮製のミサイルと核兵器を欲しがっているとされるのが、トランプ大統領が「見せかけの民主主義のふりをした、腐敗した独裁国家」と批判するイランで、「火星12」の射程にはイスラエルが入る。プレイヤーが増えれば増える程、状況は混乱する。金正恩という指導者の資質を見誤ることこそ、北朝鮮の利益に繫がるということを忘れてはならない。

「火星15」を通した米朝の対話

その北朝鮮は、2017年11月29日に、新型ICBM「火星15」の発射実験を行い、「瀬戸際外交」の枕詞とともに「新たな挑発」「制裁に対する抵抗」などの論調で報じられた。だが「火星15」の発射実験によって北朝鮮は、アメリカの真意を読み取り、メッセージを打ち込むことに成功したと私は考えている。

9月には北朝鮮の完全破壊を宣言したトランプ氏だが、前述した軍事オプション行使の最短リミットである12月を前に発射実験を行っても、アメリカ軍は「破壊」に向けては動かなかった。「本気の発言ではなかった」ということを、北朝鮮側が確認できたということになる。

メッセージについて考えなければならないのは、「火星15」で証明したミサイル技術の進歩だ。

北朝鮮の「火星」シリーズは、旧ソ連の「スカッドB」をルーツに持つ。それは、第二次世界大戦中にドイツが開発したV2ロケットをソ連がコピーしたミサイルで、正式配備は今から60年近く前の1962年だ。

スカッドBの名を世界に広めたのは、1990年に起きた湾岸戦争だ。イラクはソ連から大量のスカッドBを購入したのだが、その射程はわずか300km。しかも誘導装置は付いていない。イラン・イラク戦争で使われたものの、イランの首都、テヘランにも届かなかったほどだ。

そこでサダム・フセイン率いるイラクは、2基のスカッドBを輪切りにして1つのロケットにして、搭載燃料を大幅に増やし、弾頭を軽量化した「アル・フセイン」に改造した。

おかげでイスラエルに届くようになったのだが、バランスがバラバラで誘導装置もついていないため、どこに飛んでいくのかわからないような代物となる（実際に、ヨルダンに落下したものもあった）。想定外の飛距離向上のおかげで、大気圏を越えてしまい、落下する時には、弾頭ごと摩擦熱で燃えるというおまけ付きだった。

一方、同じルーツから開発された北朝鮮製ミサイルは確実な進化を遂げている。火星14がアメリカのシカゴまで届くこともさることながら、弾頭部「ノーズコーン」が大気圏に再突入しても燃えずに、内部に設置した装置が正常に作動したことにも注目しなければならないだろう。

イランのアル・フセインとは、別次元のロケットを完成させたということだ。

火星15はアメリカ全土に届き、爆弾として機能する能力を持つ。日本の排他的経済水域（EEZ）の着水に「成功」しているので、精密性も折り紙付きということになる。

暴力団の「ガラス割」と同じ応酬

さて火星15は、核爆弾を搭載できるほど搭載量がないという報道もなされたが、これはナンセンスな報道と言えるだろう。あのアル・フセインでさえイスラエルに着弾し、人々をパニックに陥れることには成功しているのだ。戦略核兵器ではなくテロ兵器としてみれば、火星15は十分な機能を持っている。

最大の問題はミサイル開発技術の流出だ。相次ぐ国連制裁と監視をものともせずにミサイル開発を行った北朝鮮は、「技術を第三国に流出する」というカードを持ったことにもなる。

暴力団の抗争では、実際に相手のタマ（命）を狙う攻撃ばかりが目立つが、実際には敵対する組事務所、組長や幹部の愛人宅などの立ち寄り先、車などへの威嚇射撃の方がはるかに多い。ガラスを銃弾で割ることから「ガラス割り」と言われるが、これは「いつでも狙える」という強烈なメッセージだ。

相手のタマを取ればタマを取り返すのが暴力団の抗争のルールだが、果てもなく血が流れるばかりか、実行犯の逃走資金、逮捕された時には裁判費用など、多くの出費が必要となる。また長い懲役の間には、家族の面倒も見なければならない。こうした負担リスクなどから、「ガラス割り」の応酬で抗争が終結することも多い。

アメリカ全土にまで距離を伸ばした火星15は、金正恩氏からトランプ氏へのガラス割りだと私は考えている。

火星15の発射実験の後、トランプ氏は、

「私たちは深刻にアプローチしている。我々が解決していくとだけ言っておきたい。我々が取り組んでいくべき状況の1つ」

と、2017年9月の核実験の時に比べると、はるかに弱いトーンで記者に答えた。この後、北朝鮮のミサイルと核開発はしばらくなりを潜める。だが合理的に考えれば、この実験後から水面下では米朝両国間で交渉を行っていたとしか考えられない。世界で一番多忙なアメリカ大統領にアポを入れるのだ。2018年6月に米朝首脳会談の開催にたどり着くタイムスケジュールとしてもここが始点とみるべきだろう。

実験に対しては、国連安保理からは新たな制裁「決議2397」が決定したものの、北朝鮮はガラス割りによって血を流しながらも、アメリカを交渉のテーブルに着かせることに成功したということになる。

2018年米朝首脳会談の深意

中国との「新冷戦」を選択したアメリカだが、旧ソ連との冷戦以後、今日まで頭を悩ませているのが「軍事費」だ。国際的な軍事研究機関、ストックホルム国際平和研究所が発表したレポートによれば、2017年のアメリカの軍事費は6098億ドルと世界1位で、2位中国の2282億ドルと大きな開きがある。

GDP比で見ても、アメリカの3・15%に対して中国は1・91%とその差は大きい。兵士や労働者への賃金など「人の安い」中国とアメリカを単純に軍事費やGDP費で比較することはナンセンスだ。しかし両国の差の根底にあるのはアメリカが「世界に防衛網を敷いている」のに対して、中国は自国のみを防衛しているという事実がある。

「同盟国は、アメリカの安全保障の下で経済成長を謳歌している」

この不平等感は、トランプ氏がNATO（北大西洋条約機構）諸国に対して「防衛費はGDPの4%」を提案していることでも明らかだ。今後アメリカは支出を抑制しながら軍事力を維持する――アジア方面については、同盟国経済規模第2位の日本にも大いに支出して欲しいという意図も明確だと言えよう。

「日本には中国に集中して欲しい」

だが、そこで障害となるのが北朝鮮の核開発である。対中戦略を考えても「日本の核武装化」が一番簡単な方法だ。しかし唯一の被爆国である日本こそ、アメリカに対して核兵器で報復できる権利を持った唯一の国。ということで、アメリカには日本を核武装したくてもできない事情がある。

こうした背景も手伝って、2018年6月、史上初の米朝首脳会談が実現した。この中でもっとも注目すべきは、共同宣言における次の4項目の合意だ。

1．アメリカと北朝鮮は、両国民が平和と繁栄を切望していることに応じ、新たな米朝関係を確立すると約束する
2．アメリカと北朝鮮は、朝鮮半島において持続的で安定した平和体制を築くため共に努力する
3．2018年4月27日の「板門店宣言」を再確認し、北朝鮮は朝鮮半島における完全非核化に向けて努力すると約束する

4．アメリカと北朝鮮は（朝鮮戦争のアメリカ人）捕虜や行方不明兵士の遺体の収容を約束する。これには身元特定済みの遺体の即時帰国も含まれる

以下は経済評論家、渡邉哲也氏との共著『2019年　表と裏で読み解く日本経済』（徳間書店刊）にも書かれているロジカルな分析だ。

金王朝は、これまでも瀬戸際外交を繰り広げて、アメリカから物資などの「旨み」を吸い取っては煙に巻いてきた歴史がある。不信感を抱くのは当然だろう。だが冷静に考えなければならないのは条文「2」の存在だ。「持続的で安定した平和体制を築くため共に」ということは、現在のトップ、金正恩氏の納得が前提にあるということになる。そこで現実的に考えられるのが、「日本型統治モデル」である。

終戦後アメリカは、戦前の統治者である天皇を象徴にして、議会制を頂点にした新たな民主主義を導入。米軍が安全保障を担保して日本の同盟国化に成功した。ロジカルに考えれば、「2」の意味するところは金正恩氏の〝象徴化〟だろう。知人のアメリカ大手金融機関のアナリストも概ね同様の見解だ。

北朝鮮ビジネスに群がる「地下経済人」

さて、ここで拉致被害国、日本にとって感情的にも許せないのは、「1」だろう。「1」を巡っては「アメリカが金王朝を認めたのでは」と議論されることがある。しかし、アメリカは中国と中国共産党を切り離して考えているのだから、北朝鮮と金王朝を切り離していると考えるべきだ。その根拠は「4」である。

「4」の主体は明記されていないものの、アメリカ人捕虜や行方不明兵士の捜索は通常「軍」が行うべきものなのだから、「4」とは米軍の北朝鮮駐留を意味している。ここに「3」を加えれば、4項目合意とは実は、

「北朝鮮が核を放棄すれば、アメリカはロシアと中国から北朝鮮国民を守る」

という安全保障条約であることが導き出される。

この「4項目合意」の真意をいち早く受け取ったのが、日本の地下経済人たちである。米朝首脳会談翌日には、ある在阪の不動産業者に「柳京ホテルを買わないか?」という申し入れがあったという話が私に伝わってきた。ソウル五輪を開催する韓国に対抗して北朝

鮮が建設を開始したホテルだが、資金不足で工事が止まっており、CNNで「滅びのホテル」と報じられたピラミッド型の建造物だ。

本来は表側がアクションするべきビジネスチャンスだが、拉致問題を抱える日本が北朝鮮と関係することは、国連の経済制裁リスクとコンプライアンスの問題がある。銀行からの資金調達はほぼ不可能なばかりか、社内稟議も通らないだろう。

一方で、暴力団には在日の人が多くいる。裏社会には国連制裁やコンプライアンスなどの障壁も無関係だ。「とにかく、早く着手しないと利権に与ることができない」ということで、地下経済での対北朝鮮ビジネスは一気に雪解けとなった。

北朝鮮には多くの地下資源があるとされているが、採取の時に健康被害などが伴うレアメタルなどはヤクザお得意のビジネス。暴排条例などで資金収拾が難しくなっていることから、組織の垣根を越えて北朝鮮開発資金を共同出資する「ヤクザ・ジョイントベンチャー」を立ち上げる話も聞こえてくる。突如開けた黄金郷に、在日系の地下経済人たちは、口々に「北朝鮮への出張ですわ」とえびす顔だ。

独裁者をも利用するアメリカ

こうした地下経済人のほとんどが北京を経由して入国するのだが、一部の「実力者」は中国の瀋陽で北朝鮮の高官とビジネスの話をしてからの平壌入りとなっている。瀋陽が北朝鮮に物資を横流しする重要拠点であることは言うまでもないが、このことからも北朝鮮の本気度は伝わってくるだろう。

「トランプ氏に献金するアメリカ企業が、北朝鮮進出を模索している」と、あるロシアン・マフィアが私に教えてくれた。アメリカが本気で安全を保障したことは、このことからも明らかだろう。まだ報じられていないが、アメリカ企業が北朝鮮にカジノ建設をする計画も、すでに動き始めているという。

2005年の米韓合同軍事演習時に、アメリカがステルス機を平壌上空に侵入させて以来、北朝鮮は演習を嫌がっている。米朝首脳会談後の18年11月19日に、アメリカが米韓の合同軍事演習「ビジラント・エース」を中止すると発表したことは、一連の分析を「推理小説」と片付けられない、とりあえずの〝事実〟といえよう。

荒唐無稽な話のように聞こえるかも知れないが、過去、アメリカは自分に敵対する「独裁者」をあえて生かしたことがある。それは1991年の湾岸戦争だ。戦争のきっかけは90年8月2日のイラクのクウェート侵攻だが、91年1月17日に米軍を中心とした多国籍軍の空爆開始をきっかけにした猛攻撃にさらされたイラクは、3月3日に停戦協定を結ぶ。この時、サダム・フセインが生かされた大きな理由は、殺せばイラクばかりか周辺国が混乱に陥るということだった。

まだシェールガスが開発される以前のアメリカにとって、産油地である中東の安定は必要不可欠だった。混乱は軍事費の出費に繋がるし、安定のために米軍を使えば国内世論に反戦の風が吹く。

自国の利益のためには独裁者という「毒」をも利用するのが、アメリカということだ。

ただし戦後の日本の場合と違って、議会制導入後に北朝鮮国民が「象徴」を残すのか、処分するのかまでアメリカが保障していないことは付け加えておきたい。

「決裂」以外の選択肢はなかった

この流れの中で、2019年2月27日、28日にベトナムのハノイでトランプ氏と金正恩氏による、2回目の米朝首脳会談が行われた。合意に至らなかった結果については、勝敗や今後を含めて多くの報道がなされている。

だが私は「決裂」という評価について、疑義を抱いている。根拠となるのは、会見を通じた発言と、暗黒街の住民からの助言だ。1つひとつ紐解いてみたい。

まず、私が強く興味を持ったのは、会見後のトランプ氏の次の一連の発言だ。

次回会談は「合意していない」としながら、

「関係は続けたいし、続けるつもりだ」

「私は彼を信じ、彼の言葉を額面通りに受け取る」

「ただ席を立って去るというのではなく、握手を交わした。温かみがあった。しかし、私たちはとても特別なことを成し遂げる立場にある」

と述べている。

「イエスか『ハイ』」しか許さず、「ノー」の場合はさらに条件を厳しくして、再び「イエスかハイ」を迫るのがトランプ流外交術だ。この手法で中国とのFTA（二国間貿易交渉）を模索していたカナダに、中国離反とUSMCA（米国・メキシコ・カナダ協定）入りを決断させるなど、数々のディール（取引）に成功している。

しかし、このトランプ氏の発言はそれとは違うものだ。金正恩氏に対しては明らかに「懐柔」を試みており、次回が約束されていないということも合わせれば、「待つ」という手段を選んでいる。国際舞台で、あのトランプ氏がこのような態度を見せたことに、私は驚いた。

異例ともいえる変節の原因の1つに、トランプ氏と黒い社会との関係があるのではないかと私は考えている。それは前述した、トランプ氏と暗黒街の繋がりに関係している。ロシアン・マフィアが教えてくれた、北朝鮮に進出した「トランプに献金している企業」こそ、暗黒街に本社を構える企業だ。安保理の常任理事国で金融監視の厳しいアメリカ資本で、経済制裁を無視して資本投資できるのは、日本のヤクザ組織同様アンダーグラウンドな組織しかない。

2016年選挙ではマフィアの集票が、トランプ氏当選の大きな力となった。2020

年選挙を考えれば、この「黒い大票田」は無視できないだろう。たとえ直接の依頼がなかったとしても、黒い世界を知るものは暗黒街からの「声なきメッセージ」を読み取る。トランプ氏が変節した理由の1つに、「黒いメッセージ」の発信があったと私は考えている。

金正恩が核を手放せないたった1つの理由

一方の金正恩氏にも「事情」がある。

国連安全保障理事会による北朝鮮への制裁は、2006年の核実験に対する決議1718から始まり、現在まで10の制裁が決議されている。特に、16年の決議2321は、原油・石油精製品の北朝鮮への輸出に初めて上限が設けられた。トランプ氏をテーブルに着かせるべく「金星15」を発射したことによる「決議2397」は、それをさらに厳しく締め付けたものだ。血を流した結果、超大国のトップをテーブルに着かせることに成功したが、出血量は想像以上に北朝鮮を苦しめている。

韓国貿易投資振興公社の発表によれば、17年の北朝鮮の貿易総額は55億5000万ドル

（約6130億円）で前年比15％減（対韓国貿易を除く）、対外輸出は約17億7000万ドル（約1950億円）で、前年比37・2％も減少したというから、効果は絶大だ。経済制裁の効果を疑う声もあったが、今回の会談で金正恩氏自身から制裁解除を申し出たことは、その反証と言えるだろう。

貧困に喘ぐ北朝鮮に対してトランプ氏は、両日の会談冒頭で「彼らは経済的な大国になる」「北朝鮮は経済大国になることができる」と救済を持ちかけた。国際舞台でのトップの発言は、口約束では収まらない。核さえ放棄すれば制裁解除どころか、裏社会だけではなく表社会も堂々と経済発展に向けた大きな開発投資をする、というのが発言の真意と言えるだろう。対する金正恩氏自身は初日夕食会で

「（核兵器を）一度にすべてを手放すほどの信頼構築ができていない」

としながら、2日目の会談冒頭、記者から非核化の意思を問われ

「なければ今ここにいない」

と答えている。

「意思がありながら一度に手放すことはできない」とは、北朝鮮が外交面で見せる引き延ばしとは考えにくい。前述したように自ら制裁解除を申し出るほど、追い詰められている

からだ。

この発言の真意を導き出すには、金正恩氏にとっての「核兵器」が、何に対するものかを考えなければならないだろう。

戦争とは国富略奪の暴力的経済活動だ。ある場合は石油であり、ある場合は領土となる。北朝鮮の核は日本に向けられていると思う人は多い。しかし資源のないこの列島の国富は、国中に張り巡らされた道路、鉄道、ダム、発電施設などのインフラ。そして、高等教育を受けた大量の労働者だ。

核を使うということは、奪うべき国富を燃やすことになるのだから、合理的に考えれば日本に対する使用はありえない。金正恩氏が日本を攻撃するために核を保持しているという可能性は消えるだろう。

朝鮮戦争休戦中の韓国は日本ほどの規模やレベルではないにせよ、国富を持っている。ましてや大砲でソウルを火の海にできるのだから、韓国のために核を保持することもナンセンスと言えるだろう。

また中国については論外だ。毛沢東が、全面核戦争で人類の半分が死滅しても、「中国の人口は6億だが半分が消えてもなお3億がいる」と発言したように、命の軽いあの国に北朝鮮クラスの核の脅しは効かない。何より米ロ間の中距離核戦力全廃条約の条約外国家として、大量の核兵器を生産、保有した中国に核を使用すれば、国ごと消滅させられる結果となることは、北朝鮮自身が自覚していることだ。

唯一核を残す理由は、それ以外の第三国からの侵略阻止となるが、核を放棄すれば、アメリカは経済援助を行うと約束している。「経済援助」がアメリカの保護下に入るという意味であることは、戦後の日本を見れば明らかだろう。こうして合理的に核保持の理由を消去していくと、金正恩が核を手放さない理由は1つに絞られる。

それは自らを囲む暴力、すなわち「北朝鮮人民軍」だ。

「暴血国家」

根拠になるのは、北朝鮮内で権力中枢に座るための「2つの資格」だ。

1つ目の資格は、暴力の所有だ。刃向かう者ばかりか、ミスをしたものに容赦なく粛正を下す北朝鮮にあって、暴力は法に代わって国家を統治する根幹となっている。北朝鮮のトップになるということは、「軍」という暴力を所有することだ。金正恩氏も、父である金正日《キムジョンイル》も、軍のトップから国家のトップというプロセスを経ている。

もう1つの資格は、初代国家主席、金日成に連なる「白頭山血統《ペクトゥサン》」と呼ばれる「血」だ。どれほど頭脳が明晰で金を持っていっても、「血」を継いでいない者は優遇されこそすれ、権力の中枢にいることができない。「金王朝」と呼ばれるのはこのためだ。

2つを合わせれば、北朝鮮とは、法治国家とは真逆の「暴血国家」と言えるだろう。

しかし、金正恩氏の母は金正日が愛人にした大阪出身の在日朝鮮人、高英姫《コヨンヒ》だ。純血を第一とした金日成《キムイルスン》は結婚を認めず、母子を首都・平壌にさえ住まわせなかった。

こう考えていけば「暴血国家」において、「血」の根拠が薄い金正恩氏がトップに立っているためには、「圧倒的な暴力」を持って「血」の代替とする他ないということになる。

その「圧倒的な暴力」こそが「核」だ。

暴力団は実子への組織継承が珍しいということで、「純血」を問わない「暴治社会」だ。暴力団においては、暴力こそが財力を生み出し、求心力を高め、組織ガバナンスを維持する要素となる。2015年の六代目山口組分裂が、組織の要として機能する髙山清司若頭の社会不在中に起こったことは、その現れと言えるだろう。

「暴治社会」において、組織のトップとなるためには、配下の人間より強い暴力を持っていなければならない。引退の意思を表明した組長の多くが無一文にさせられて放り出されるのも、暴力を捨てることが原因だ。

それは現在の金正恩氏の状況の相似形だ。

2018年1月1日、金正恩氏は新年の辞として「核のボタンが私の執務室の机に常に置いてある」と公言することで、「圧倒的な暴力の個人所有」を国内外に知らしめた。核の所有は、北朝鮮人民軍という「暴力装置」の反乱を抑止し、コントロールする要素になるばかりか、クーデターを起こされても使用することで収拾することもできるだろう。何より自国内で使用すれば、核兵器による報復の恐れもない。

金正恩氏が核放棄の意思がありながら「一度にすべてを手放す」ことができないのは、今それを手放せば「暴血国家」における王の資格を失うからだと私は考えている。金正恩氏の言う「信頼構築」とはアメリカだけではなく、自国内の暴力装置に対するものとしか思えない。

会談終了後のアメリカ国務長官、マイク・ポンペオ氏による「金正恩は準備できていなかった」という発言こそ、一連の分析の信憑性を担保しているだろう。

暗黒街の事情を抱えて「懐柔」と「忍耐」へと変節したトランプ氏と、「暴血国家」のトップとして「圧倒的な暴力」の破棄を今すぐ選択できない金正恩氏——両者には「決裂」ではなく、「立ち去る」選択肢しか残されていなかったのではないかと、私は考えている。

代理戦争の地となる「中東」

2018年12月から米中は「緊張緩和へ向かった」と報じられるようになったが、その真相は獰猛な猛禽類と、牙を剝き守る虎との緊張関係が、膠着状態へと「進んだ」ことだと私は考えている。こうした状況では、代理戦争が起こるのが歴史の常だ。

19年に入って、私の元へイランの富裕層から第三国への亡命を求める連絡が続いている。それは、第五次中東戦争勃発リスクへの悲鳴に他ならない。

人類初の核兵器使用によって終結した第二次世界大戦以降、大国間は核抑止力によって直接戦争ができない状態になる。しかし、戦後訪れた米ソ冷戦という拮抗の中で、平和が常に維持されたわけではない。朝鮮戦争（1950年〜）、キューバ危機（62年）、ベトナム戦争（55〜75年）など、大国間の武力衝突は第三国を舞台にした代理戦争へと形を変えただけに過ぎない。

現在、この代理戦争勃発のリスクが急速に高まっているのが、サウジアラビアとイランだ。私の元には何人かのイランの富裕層から、「日本のビザ取得」や「亡命」を希望する声が届いている。

きっかけは18年12月19日に発表された、アメリカ軍のシリア撤退だった。複雑な中東情勢を1つひとつ整理しよう。

米軍がシリアに駐留した建前は、「ＩＳ（イスラム国）掃討」だ。しかしシリアのアサド政権を支援するのは、アメリカが核開発問題を理由に経済制裁を実行しているイランとロシア。米軍のシリア駐留は、この2つの敵の影響力をシリアから排除すること、すなわちアサド政権を倒す目的でもあった。

そこで利用されたのがクルド人だ。

シリア、イラク、トルコの山岳地帯に3000万人が住むというクルド人は、国家を持たない世界最大の少数民族で、分離独立を求めては弾圧される悲劇の民族だ。シリアでのクルド人にとっては、自らの居住区を侵略するＩＳも、アサド政権も敵という構図だ。米軍はベトナム戦争以来、現地の少数民族に軍事教育や武器支援を行っているが、シリアにおいては、目的を同じくするクルド人を中心とする民兵組織「シリア民主軍（ＳＤＦ）」

を支援した。

しかし、アメリカ製の武器を大量に買い付けてくれるわけでもない支援は、トランプ氏にとって魅力的には映らない。米軍の撤退は、シリアをロシアとイランに明け渡すだけではなく、米軍を信じたクルド人を見捨てることになる。味方の見殺しが、生粋の軍人であるアメリカ国防長官、ジェームズ・マティス氏には許すことができなかった。

日米合同演習などで接点のある幕僚の多くは、マティス氏を「ソルジャー・オブ・モンク（僧侶）」と呼び、「マッド・ドッグ」のあだ名とは逆の、理性的で知的な素顔に強い尊敬の念を抱いているという。シリア撤退への抗議で辞任したが、辞表にある「同盟国への敬意」とは、今回の裏切りから生まれる同盟国のアメリカ不信だけではなく、「見捨てられたクルド人に対する苦悩の表れ」と、ある幕僚関係者はみる。

まさに「トランプ」という実利主義に、「生粋の軍人」というイズムが離反した形だ。しかし、愛国者で「モンク」と呼ばれる人物が辞任する動機は他にもあると、私は考えている。そこで、重要になるのがシリア撤退で誰が得をするのかという分析だ。

サウジとイランの対立を喜ぶ国

まず今回の撤退を、最も苦々しく思っているのが、中東の覇権をイランと争うサウジアラビアだ。前提になっているのは、サウジはスンニ派、イランはシーア派というイスラム教内の宗教対立である。

イエメンにおいてはイランが反政府組織フーシを、現政権をサウジが支援している。2015年、イエメン大統領辞任に伴い、フーシが全土を実効支配した。直後に成立した暫定政権を支援する目的で、サウジがフーシを空爆。16年からフーシは、イエメン内からサウジへのミサイル攻撃を始め、19年3月には首都リヤドに着弾し死者も出た。

健康問題を抱える国王に代わってサウジの国政を取り仕切っているのが、後継者、ムハンマド皇子だ。17年からは資金洗浄などを理由に300人以上の政敵を逮捕し、権力を揺るぎないものにしている。

15年のフーシ空爆は、当時、国防大臣だったムハンマド皇子の判断によるものだ。そのムハンマド皇子は、禁止されていた女性の自動車運転を認めるなど、アラブ社会の革命児

とされている。だが、18年3月にテレビのインタビューで

「サウジアラビアは核爆弾を持つことを望んでいないが、イランが核兵器を開発すれば、それに従うことになる」

と、核武装も辞さないことを表明した。同年には、トルコのサウジアラビア領事館内で、サウジのジャーナリストのカショギ氏を、自身のボディーガードを使って殺害しているなど、非常に好戦的な素顔を持つ「王」だ。

イエメンの代理戦争でサウジ・イラン間の緊張が、これ以上ないほど高まっている中で行われたのが、アメリカのシリア撤退だ。アメリカの経済制裁が反米感情の強いアラブ社会では逆バネに機能していることもあり、イランの影響力はレバノンやイラクへとますます拡大している。サウジアラビアはシリアにおいても、イランに対抗して反アサド派を支援していたが、撤退によってまた影響力を失うことになった。

中東社会ではイランによる、サウジアラビア包囲網が出来上がりつつあるのが現状だ。追い詰められたサウジがイランに対して実行手段にでる下地は充分になった。イラン富裕層の亡命希望は、ニュースに流れない中東社会の生の声だと私は考えている。

さて、この戦争を最も喜ぶ国がアメリカだ。

3月10日には、FRB（米連邦準備理事会）の議長ジェローム・パウエル氏が金利変更を「急ぐいかなる必要性も感じていない」と表明。アメリカの景気は「概ね中立」として、「中国やヨーロッパの景気減速がアメリカ経済に対する最大リスク」としている。

確かに乱高下しつつも現在までアメリカの株価は好調だが、FRBが利上げをしても金利が上がらない大きな原因は、アメリカ国内に投資先がないことだと私は考えている。グローバルサプライチェーンの拠点を中国から、FTAを軸に構築した経済圏に移したいのがアメリカの思惑だが、現実が追い付かないのだ。

17年にサウジを訪れた際、トランプ氏は対イランを目的に、サウジを中心とする「中東版NATO」構想を発表した。直後にムハンマド皇子が、約12兆円もの武器をアメリカから購入する契約を結ぶなど、武力を軸にした両者の関係は蜜月だ。サウジとイランの戦争が、現在のアメリカにとって大きな利益になることは間違いない。

オイルショックでも明らかなように、中東へのエネルギー依存が高い日本にとって、この地の戦争は好ましくない。しかし、シェールガス開発でエネルギー輸出国になったアメリカにとって、石油を欲しがる日本マーケットが魅力的に見えていることも間違いないといえるだろう。

こうして整理をすればシリア撤退が、単に軍事費削減を目的としたものではなく、サウジとイランの緊張を誘発する意味も含まれているという視点は、それなりの説得力があると、私は考えている。人命を金に換える――理性的で知的なマティス氏が、感情に任せて辞任する動機としても十分といえるだろう。

ユーラシアを西側に向かって版図を広げる中国がここに関与してくれれば、中東を舞台にした新たな代理戦争へと展開するだろうと、私は見ている。

米中対立で再編されるヨーロッパ

グローバリズムの崩壊、そしてアメリカと中国の対立によって再編を余儀なくされている地域こそ、ヨーロッパだ。

歴史を振り返って整理をしよう。

EU（欧州連合）は1992年に調印され、93年11月1日に発効したマーストリヒト条約により設立された。ヨーロッパには、多種多様な文化や民族が混在する。これが中国であれば、支配域にいる少数民族を弾圧し、暴力によって大多数の漢民族と合わせて「中国人」としてまとめることもできる。

しかし、そんなことができないヨーロッパは、「イズム」という幻想によって「ヨーロッパ人」を成立させた。暴力に代わって成立を実現させたイズムこそ、シェンゲン条約による、EU圏内での「ヒト・モノ・カネ」の移動の自由――すなわちグローバリズムだ。

第二次世界大戦以前は、イギリスのポンドが「基軸通貨」のような役割を担っていたことをシンボルとして、ヨーロッパは文化、科学、経済力などを含めて世界をリードする覇権地帯だった。親元を離れた子供の作った新大陸への対抗心が、「ヨーロッパ人」成立への動機の1つにあることは言うまでもない。

こうしてEUは「キリスト教の白人共同体」となった。カソリックとプロテスタントの間で長く紛争が続いたアイルランドから検問所が取り払われたのは、宗派による分断をイズムがなしにしてしまった典型例だ。

しかし同時に、そのヨーロッパはNATO（北大西洋条約機構）というアメリカを中心とした安全保障による安定の下で、経済を繁栄させてきた。石油・穀物などの戦略物資はドルでしか取引できないため、ユーロ・ダラー市場を形成した。

米欧は、いわば「持ちつ持たれつ」の関係を維持してきたのだ。

しかしEU圏内には、「イズム」だけでは乗り越えられない格差が生まれていった。EU以前にマルク高に悩まされていたドイツは、共通通貨ユーロと、元々ある生産力によって大きく発展する。だがEUの恩恵に与れないギリシアは、2009年に財政危機に陥る。危機に瀕したギリシアというヨーロッパの仲間を、冷たくあしらったのが他ならぬドイツだ。

1つの共同体の幻想を、「格差」という現実が破壊し始めたのである。

「イズム」はイギリスも直撃した。金融の聖地、ロンドンシティを持つイギリスは、ユーロ・ダラー市場の拠点となり、東欧圏からの労働力と併せて大きく繁栄する。しかし、2008年のリーマンショックによって状況は一変。移民によって労働市場を奪われた国内の労働者の不満が爆発し、EU離脱を選択した。

その移民問題についてドイツ、イタリアでは極右とされる政党が躍進している。

この混乱の渦中で生まれたアメリカの新大統領が、トランプ氏だ。共同体の崩壊は、「アメリカのための世界」への国際社会再編を目論むアメリカにとって格好のチャンスだ。トランプ氏は、ブレグジット後にイギリスとFTA協議をすることを確約して、大英帝国の一本釣りに成功している。

イタリアの一帯一路参加の余波

ブレグジットは「Britain」（英国）と「Exit」（退出）を合わせた造語だ。ヨーロッパの経済力は北高南低だが、今後トランプ氏は南欧のイタリア、スペインなど「Exit」を模索する国に、好条件のＦＴＡを材料にして離脱を働きかけると私は見ていた。

だが、３月23日には、そのイタリアが中国の「一帯一路」の覚書へ署名したことが報じられる。

ＥＵ圏内では、債務超過の危機にあるポルトガルや、09年以来、常に財政危機にあるギリシアなどが、一帯一路の覚書にサインをしている。イタリアはＥＵ中核国の一つとはいえ、イギリスに続いてＥＵ離脱を模索しているとされていた。２０１８年3月の総選挙で保守系の政党が躍進し、6月に連立政権が生まれたことが大きな理由だ。

現在のイタリアの首相、コンテ氏は「イタリア・ファースト」を掲げ、主義の面でもトランプ氏と近い。ＥＵを離脱するのであれば、イギリス同様の米伊ＦＴＡ（自由貿易協定）を結ぶと考えられていたのだが……第二次世界大戦同様、さすがは逆張りのイタリアと言ったところだろう。

だがイタリアの一帯一路参加は、一国の離脱という問題では済まない可能性がある。EUはアメリカとの軍事同盟、NATOによって安全保障を維持している。特に核管理については、冷戦時代からニュークリアシェアリング（核の共有化）というユニークな方法を採用している。旧ソ連に対抗するため、ドイツ、イタリア、ベルギー、オランダは米軍が所有している核を自国内に設置し、使用については各国政府が決定する仕組みだ。

イタリアがEU中核国であることを担保しているのは、歴史や経済力——といってもイタリアはここ10年不況に陥っているのだが——だけではなく、アメリカとニュークリアシェアリングをして、圧倒的な暴力である「核兵器」の使用権を持っていることが大きい。

今後アメリカのFTAのひな形になるとされる、USMCA（米国・メキシコ・カナダ協定）には、アメリカとFTAを結ぶ場合に、中国とのFTAを結ぶことはできない「毒薬条項」がある。仮にイタリアが「一帯一路」を通じて、中国の経済力を背景にEU離脱を選択した場合、アメリカはイタリアから核兵器を引き上げる可能性はがる。それに代わってイタリアが中国の核の傘の下に入るようなことがあれば、NATO離脱ということになる。

1999年からはチェコやポーランドなど、旧ソ連がNATOに対抗して作ったワルシャワ条約機構の元加盟国もNATOに加盟し、2009年にはバルト3国を除く旧ソ連各国がNATOに加盟した。こうしてヨーロッパは、45年以来続いた東西冷戦を、NATOというアメリカ中心の「暴力」の中に組み入れることに成功したはずだった。

イタリアの一帯一路入りは、60年以上の時間を使って作り上げた、ヨーロッパを守る盾が崩壊する瞬間ともいえるだろう。

「ネオCOCOM」設立の可能性

AIIBという中国共産党の「国家ヤミ金」とセットになっている一帯一路は、すでにEU加盟国を蝕んでいる。2016年には一帯一路の覚書にサインをしたギリシアのピレウス港が、中国に実質的に収奪された。17年に中国はアフリカのジブチに初の海外基地となる海軍補給基地を作り、ホルムズ海峡への軍事プレゼンスを大きくしている。現在モンテネグロは一帯一路によって債務超過の危機にあるが、このことで港を収奪されれば、アドリア海への軍事プレゼンスも増すことになるだろう。

こうしたことから、ＥＵは一帯一路を警戒。18年10月には、加盟28カ国による外相理事会で、インフラ整備などを行いアジアとの結びつきを強化する、新アジア戦略を承認した。もちろん債務条件が、中国の国家ヤミ金よりはるかにマイルドなことは言うまでもない。

中国は関連企業への買収や資本投入による経営参加を行うことで、狙った国から最先端の軍事技術など知的財産を流出させることが問題になっている。まさに資本主義のルールを利用したやり方だ。そこでＥＵでは２０２０年から、域外企業による欧州企業の買収を審査することが決定している。

アメリカは、中国企業による資本参加、買収などの対米投資を規制する新法を、18年11月から運用している。また副大統領のペンス氏が、中国の国家ヤミ金に対抗するための、新たな新興国投資戦略を作ることを「ペンス演説」で明言した。

欧米による規制で中国を包囲しようという試みだ。

非対称兵器を多量に生産、配備している中国だが、戦車や戦闘車両のトランスミッションや、戦闘機のエンジンなど兵器のキーになるパーツを生産する技術力はなく、輸入に頼っているのが現実だ。

現在の米欧と中国の関係は、１９４９年にアメリカが提案した、「ＣＯＣＯＭ《ココム》」（対共産圏輸出統制委員会）が設立した状況と酷似している。西側はCOCOM規制によって、東側への軍事技術と戦略物資の輸出を規制することで、軍事的、経済的優位性を維持しようとした。

ソ連崩壊後の1994年に「COCOM」は解散したが、現在の欧米の動きと、中国がキーパーツを輸入に頼っていることを合わせれば、近い将来、対中国圏に対する「ネオCOCOM」が設立される可能性は十分にあると私は考えている。

砲塔、戦闘機のジェットエンジン、レーダー、潜水艦のスクリューなど、軍事技術のキーになるのはモーメント、すなわち「回転」の技術だ。この技術が凝縮した生産物こそが自動車だ。アメリカ、フランス、日本、ドイツ、スウェーデンなど高いレベルの兵器生産能力を持つ国が、もれなく高水準車を生産できる自動車メーカーの保有国であることは、そのことの証明だ。例外はロシア（旧ソ連）とイスラエルだが。

そのソ連は、アメリカに先駆けて1957年に人類初の人工衛星打ち上げに成功した。それはICBM（大陸間弾道弾ミサイル）の先行開発の成功と同意で、西側諸国に「スプートニクショック」が走る。そうした東側の先行技術を、アメリカなどはやはり盗んでいた。

80年代に日本が独自で戦闘機開発を行おうとした際には、日米貿易摩擦などを理由にそれを阻止。現在のF-2の原型となるF-16を売り、日米共同開発を持ちかける。代わりに突きつけた条件は、当時の日本企業などが持つ複数の独自最先端技術の提供だった。

今日の中国による知的財産の窃盗、収奪は、アメリカの行っていたことと同じということだ。「欧米＝正義　中国＝悪」という発想に陥ることは、冷静な視点を見失う危険な思考停止だといえるだろう。

足並みを乱す者たち

さてEUは「一帯一路」に対抗する方針を定めたが、イタリアをはじめとして、足並みが揃わない点が「ヨーロッパ人」の「ヨーロッパ人」らしいところだ。

特にフランスがその典型であることは、歴史が証明している。

イスラエルが核を保有しているとの情報を得たイラクは、対抗策として70年代に核開発を行った。そのイラクに原子炉を提供した国こそがフランスだ。1979年にはフランスの港にあったイラク向け原子炉格納容器が爆破され、フランス過激派により声明が出されたものの、「フランス過激派」が実行犯であることを信じる者はいなかった。80年にはイラクの核開発責任者がフランスのホテルで撲殺され、イラクの原子炉開発の契約企業事務所などが爆破される。イスラエルからの流血の妨害工作をものともせずイラク原子炉は完成に近づき、81年、ついにイスラエルは「バビロン作戦」を実行し、施設ごと空爆によって破壊した。

また2000年9月に当時のイラクの首相、サダム・フセインは、石油の決済をドルからユーロへ変更した。そそのかしたのはフランスで、戦略物資、石油のドル支配をユーロに移すことによって、「1つのヨーロッパ」を覇権国にしようというのが目的だった。このことが、03年からのアメリカによるイラク戦争の動機の1つだったことは前述した通りだ。

元々フランスは、シャルル・ド・ゴールが大統領だった1966年に、軍事同盟としてのNATOから離脱し、政治機構のみNATOに所属する形をとった。以来、芸術の国がアメリカ中心の国際連合体、NATOから距離を置く独自路線を歩んでいるのは、イラクの例でも明らかだろう。

もう1つ、足並みを揃えることが苦手な国がドイツだ。二度の世界大戦でヨーロッパを混乱に陥れた罪の意識から、厳格な「ヨーロッパ人」として振る舞おうと努力しているのだが、首相のアンゲラ・メルケル氏と中国の関係は蜜月そのものだ。

２０１７年6月には中国の首相、李克強氏が訪独し、メルケル氏と満面の笑顔で握手をした。両首相はドイツの自動車メーカー、フォルクスワーゲンと、中国の自動車メーカー、江淮汽車との間で、電気自動車を合弁生産する契約の調印式に出席。ドイツのダイムラーは、北京汽車への出資を決めた。メルケル氏が、

「中国はより重要かつ戦略的なパートナーになった」

と述べたように賛辞の言葉はかまびすしい。翌7月には再び李克強氏がドイツを訪れ、メルケル氏と会談。製造系複合企業のシーメンス、フォルクスワーゲン、総合化学メーカーのＢＡＳＦが中国と2兆５６００億円規模の取引合意をする。

金融面では、中国の中央銀行にあたる中国人民銀行とドイツの銀行が、中国内でドイツの企業や団体が人民元建て債券を発行できるように合意したのだから、もはや中独間は事実上のＦＴＡを締結したと言えるだろう。

元々「中国製造２０２５」は、２０１１年にドイツが国家プロジェクトとして立ち上げた、製造業のデジタル化を目指す「インダストリー４・０」の中国版だ。その「インダス

トリー4・0」には、自動車とネットを常時接続する「コネクテッドカー」の分野で、アウディ、フォルクスワーゲンとの提携企業として、あのファーウェイを指名している。ドイツでは19年3月13日に連邦議会の委員会が開かれ、外国情報機関の担当者が、「国内の第5世代（5G）移動通信網を整備する上で、ファーウェイが信頼できるパートナーにならない」

との見解を示したことが報じられた。だが、ドイツ政府の方はまだファーウェイを捨てておらず、今後情報機関が使用停止を働きかけるという段階だ。一連の独中の関係を見れば、何らかの形でドイツとファーウェイの関係は続くと考えるべきだろう。

そのドイツはフランスと急接近している。

メルケルとマクロン

両国が接近する下地になるのは、両国トップの来歴にあると私は考えている。

現在のドイツは、第二次世界大戦で分割された東西ドイツが統一した国だ。メルケル氏は1954年、西ドイツのハンブルクで生まれたが、牧師の父親が東ドイツに赴任することになり、生後間もなく東ドイツに移住する。

53年からソ連はフルシチョフ体制となり緩やかな開放政策が採られたものの、東ドイツはその動きを追従することなく、強硬な社会主義建設や農業集団化が続けられた。メルケル氏はそんな東ドイツで過ごし、大学に入学し、物理学を専攻。卒業後、科学アカデミーに就職し博士号を取得。35歳の時にベルリンの壁が崩壊し、それをきっかけに政治への道に進んだ。

東ドイツ時代に積極的に政治に関与したことがないものの、メルケル氏は共産圏出身者ということになる。共産主義は民族性ではなく、マルクス主義思想にアイデンティティを求める。メルケル氏が移民政策に積極的な理由と、育成環境は無関係ではないと私は考えている。

日本で言えば、社会党副党首の福島瑞穂氏が、まかりまちがって自民党の党首になり、総理にまでなってしまったというところだろう。

一方、フランスの大統領、エマニュエル・マクロン氏は、パリ第10大学でヘーゲル哲学に関する論文で学位を取得。その後はパリ政治学院、国立行政学院と、フランスにおける官僚養成のエリートコースに進んで卒業する。

2004年、財務省に入省し、中心機関の監査官に就任。しかし、07年にニコラ・サルコジ氏がフランス大統領に就任すると、これに反発し08年に政府機関を離れる。同年、ロスチャイルド&Cie銀行に就職し、投資銀行家へと転身。企業買収などを行う。M&Aによって09年からの4年間で、300万ユーロ（約3億8000万円）を稼いだとされている。

12年からは当時大統領だったフランソワ・オランド氏の側近を務め、「マクロン法」と呼ばれる、数々の規制緩和の法案を議会に提出する。16年には、「左派右派のあらゆる良き意思を結集」して「左派でも右派でもない政治」という、どこかの国にあった政党を思わせるスローガンで政党を設立。17年に大統領となった。

日本で言えば竹中平蔵氏が、まかり間違って「右でも左でもない」民主党の党首として総理になったというところだろう。

「ヨーロッパ人」という夢から覚めつつあるEUに再び幻想を与えようというのが、マクロン氏だ。その大きな柱こそ、「ユーロ圏の共通予算創設」と、欧州版の国際通貨基金（IMF）である「欧州通貨基金」（EMF）の設立だ。

これまでEUの金融政策は、欧州中央銀行（ECB）が行い、財政の主権は加盟各国に残したままだった。「ユーロ圏の共通予算」とは、圏内富裕国が圏内貧困国にインフラ投資をするところから開始し、最終的には財政主権もEUで一括して行うという夢のような構想である。

そして、その金融版がEMF（欧州通貨基金）だ。18年現在、IMFの議決権比率は1位がアメリカ（16・52％）、2位が日本（6・15％）となっており、ほぼアメリカの意向が反映される制度になっている。EMFの成立が、金融面でのアメリカからの独立を意味することは言うまでもない。

マクロン氏は、それに加えて「欧州軍」構想を打ち出した。米軍に頼らず、EU圏が独自の安全保障体制を持とうという意欲的な試みだ。

実現すれば、EUはかつてのソ連のように1つの大国と化すだろう。

「国際基軸通貨ドルと暴力」を始点に、自国の繁栄を築き上げているのがアメリカだ。モンロー宣言はアメリカからヨーロッパへの別離宣言だったのだが、マクロン氏はヨーロッパからアメリカを別離させようとしているのだ。「共通予算」「EMF」から「欧州軍」まで、もはや「挑発」というよりアメリカに「挑戦状」をたたきつけているようなものということになる。

マクロン氏こそ、EUとアメリカの分断を目論む中心人物である。

枢軸国vs.連合国

その先に見据えているのは、アメリカでも中国でもない、第二次世界大戦前のヨーロッパへの覇権回帰であることは言うまでもない。その、マクロン氏の「ユーロ圏の共通予算」「EMF（欧州通貨基金）」に同調したのが、メルケル氏だ。

当初は自国の財政健全化を優先して難色を示していたメルケル氏だが、2018年6月の首脳会談で、独仏共同の欧州連合（EU）改革案として合意した。

そのドイツと金融・貿易を含めて蜜月の関係にあるのが、中国だ。

また、フランスは自国で戦闘機を、ドイツは戦車のエンジンやミッションなどを含めて設計、開発できる技術力を持つ武器輸出大国だ。イズムとしての政治に何の興味も持たない私だが、多くの日本人にとって、福島瑞穂氏と竹中平蔵氏がコンビを組むことなど、悪夢以外の何者でもないことは理解できる。このまま続けば、EU圏内の市民は同じ悪夢を見ることになるだろう。

だが貪欲なアメリカが、手をこまねいてヨーロッパを手放すはずがない。すでにドイツに攻撃を開始していると私はみている。狙ったのは、「ドイツの爆弾」と言われている破たん直前のドイツ銀行だ。ドイツ銀行には、マネーロンダリング容疑での家宅捜索が、18年11月29日に入っている。

捜査の主体はドイツ当局だが、このパターンは黒い経済人たちがマネーロンダリングの拠点として利用していた、香港のHSBCの凋落に酷似している。9・11同時多発テロ事件以降、世界中の金《マネー》の動きの監視を強化していたアメリカは、「これ以上ロンダリングを続けるならドルを引き上げる」と香港のHSBCをどう喝。結果、現在同行は外貨の引き受けを断り、クリーンな海外送金さえできないまでに落ちぶれた。

破たんすればヨーロッパは元よりドイツも火だるまという火薬庫に、自ら捜査のメスを入れるには、「アメリカの外圧」など相当の理由がなければできないだろう。ましてや、3年前の「パナマ文書」についての容疑なのだから。

国際基軸通貨である「ドル」こそ、アメリカの虎の子。HSBC同様、「ドルの停止をカードにした要請」こそが「相当な理由」としか、私には思えない。

中国＝ドイツ＝フランス＝イタリアによる新たな枢軸国と、アメリカを中心とした新たな連合国。世界は分断ではなく、「乱」の中で再編に向かっているのだ。

暴力世界のロジックにしたがって、しばらくヨーロッパに対してアメリカが沈黙を守っていることこそ、まもなく始まるアクションへの準備だと私は確信している。

第4章

暴力プレート境界――日本

北方領土返還を巡るプーチン発言の真意

ここまでアメリカを中心に世界の情勢を眺めてきたが、最後に日本について考えてみたい。

トランプ時代の新世界において、日米同盟の当事国である日本は、アメリカの暴力の極東最前線国でもある。また暴力地政学的に考えれば、列島は北方からロシア、西側から韓国、南方から中国と、暴力プレートがぶつかり合う境界面だ。ロシアについては北方領土を、韓国についてはアチソン・ラインを、そして中国については移民問題をトピックとして取り上げよう。

ロシアの大統領、ウラジーミル・プーチン氏が北方領土について発言したことが報じられたのは2019年3月15日のことだった。報じたのはロシアの有力紙『コメルサント』。報道によれば、発言は3月14日に、プーチン氏が経済界と行った非公式の会談内のものだ。その席で日ロ問題について問われたプーチン氏は、

「（日ロ平和条約締結の）交渉は速度を失った」

として交渉進展のためには、

「（日本が日米安保条約から）離脱しなければならない」

と答えた。

１８５５年に日本と帝政ロシアとの間で日露和親条約が結ばれて以来、択捉島以南の国後島、色丹島、歯舞群島の北方領土は日本の領土となる。だが、１９４５年8月15日に終戦すると、ソ連は突如、千島列島に侵攻し短期間で北方領土を占拠。以来現在まで実効支配が続いている。

まずは北方領土を巡る、最近の日ロ間の動きを整理したい。

この問題が大きく進展する兆しを見せたのは、２０１８年11月14日にシンガポールで行われた、安倍晋三首相とプーチン氏による日ロ首脳会談だった。会談後安倍氏は、

「共同宣言を基礎として、平和条約交渉を加速させる。本日そのことでプーチン大統領と合意いたしました」

と発言する。安倍氏の言う「共同宣言」とは１９５６年の日ソ共同宣言だ。この時、日ソ両国は平和条約締結を模索したが、日本側が北方領土の全島返還を要求したのに対して、

ソ連側は平和条約締結後の2島譲渡を求めた。しかし交渉は折り合わず、「日本国及びソヴィエト社会主義共和国連邦は、両国間に正常な外交関係が回復された後、平和条約の締結に関する交渉を継続することに同意する。ソヴィエト社会主義共和国連邦は、日本国の要望にこたえかつ日本国の利益を考慮して、歯舞群島及び色丹島を日本国に引き渡すことに同意する。ただし、これらの諸島は、日本国とソヴィエト社会主義共和国連邦との間の平和条約が締結された後に現実に引き渡されるものとする」

という形で共同宣言を行い、日ソ間の外交関係を回復させるに留まった。これまで日本は公式に「4島一括返還」での解決を主張しているが、安倍氏の発言は、平和条約を締結し、2島返還を目指すというものだ。これまでの日本の方針をひっくり返すほどに、前進の感触が得られたかにみえたが、翌15日、早くもプーチン氏は、

「(日ソ共同宣言には)歯舞、色丹2島の引き渡し後の主権について明記されておらず、今後の交渉対象になる」

と「返還」と「主権譲渡」は別なものであると釘を刺す。そのわずか16日後の11月30日、ブエノスアイレスで行われたG20を前に、安倍氏とプーチン氏は再び会談。日ロ平和条約交渉を加速するため、日ロ両外相を交渉責任者とすることで合意した。

しかし19年1月14日の外相会談、1月23日の首脳会談、2月18日の外相会談でも交渉が進展することはなく、冒頭のプーチン発言が報じられることとなった。

だが、プーチン氏の発言の裏側には冷戦時代からの米ロ間の暴力の歴史があると、私は考えている。

戦略原潜と海洋要塞化

1955年、冷戦構造下のソ連でミサイル「R-11FM」の試作機が完成する。これは、スカッドの艦上発射型ミサイルで、R-11FMに核弾頭を装着し、ズールー型潜水艦に搭載することを目的に開発された。試作機完成とともに試射が行われ、人類史上初の戦略ミサイル潜水艦が誕生した。

海に潜る潜水艦は、ミサイル発射前に攻撃されるリスクが極めて少ないので、核兵器運搬の最終手段と言えるだろう。戦争で敗色濃厚となっても、潜水艦に搭載された核ミサイルは、最後まで「切り札」となる。大量の核兵器で国土が灰にされた時には、最後の報復手段となるからだ。

ソ連は、この「究極の暴力」を集中的に開発する。当初はミサイルを発射するために浮上しなければならなかったが、1960年代にホテル型原子力潜水艦と水中から発射可能なミサイルを開発した。だが、その時の射程は1400㎞と短いものだった。

なぜ、この話が北方領土と関連するのか――これこそが、北方領土そのものだからだ。この射程で冷戦下の仮想敵国アメリカを攻撃するためには、太平洋か大西洋に出なければならない。常時、出撃するためには、母港は不凍港である必要がある。

そこで太平洋方面の戦略原潜基地となったのが、カムチャッカ半島の南東部、ヴィリュチンスクだ。その港は択捉島からわずか約1000㎞の場所にある。すでに日米安保条約を結んでいた日本に北方領土を返還して、アメリカがそこに軍事基地を作ることにでもなれば、ソ連の対米安全保障を大きく毀損することになる。ソ連が、1960年の日米安保改正をきっかけに、北方領土問題解決交渉を一方的に打ち切った大きな理由の1つが、戦略原潜基地の防衛安全保障にあったと私は考えている。

70年代に入ると、ソ連はデルタ型原子力潜水艦を開発。70年代中盤から終盤にかけて、射程6500㎞のSS-N-18と、射程7700㎞のSS-N-8という2つの潜水艦発射型弾道ミサイルを開発、配備する。80年代に向かってSS-N-8は射程を大きく伸ばし、つ

択捉島からわずか1000kmの距離にあるヴィリュチンスク

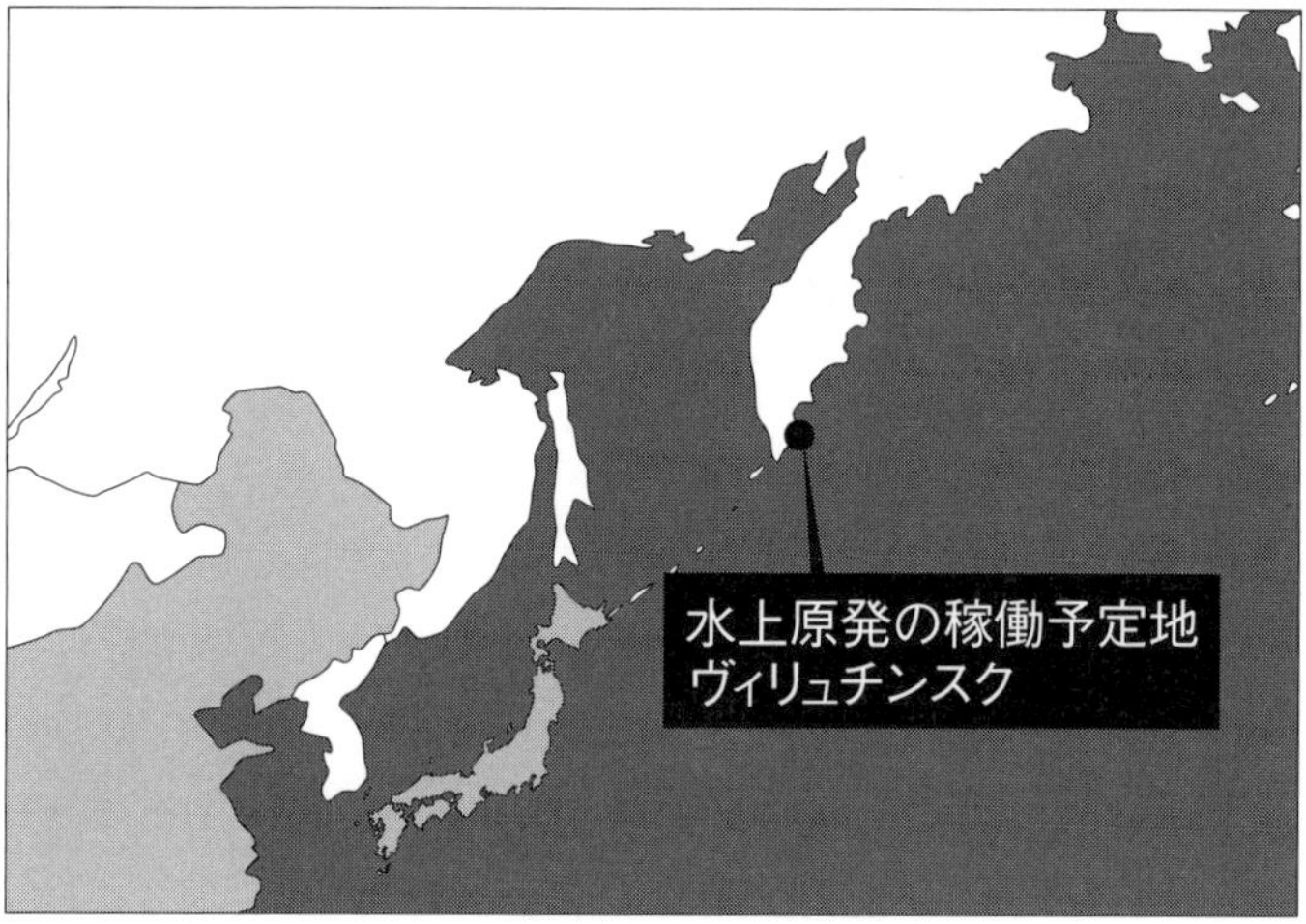

いに9000kmに到達した。

そこでソ連は、オホーツク海を「要塞化」する戦略を開始する。オホーツクの海の下に戦略原潜を常備待機させ、いつでも攻撃できる態勢をとる戦略だ。ただしSS-N-8の射程距離は、オホーツク海からワシントンを攻撃するには少し足りないので、千島海峡を抜けて太平洋に出る必要性がある。

ソ連にとって、北方領海の戦略的重要性は増す一方だった。

そして1989年、アメリカ大統領、ジョージ・H・W・ブッシュ氏とソ連書記長、ミハイル・ゴルバチョフ氏によるマルタ会談で冷戦は終結する。91年、ゴルバチョフ氏が来日し、領土問題を認めて2島返還を提案したのは、当然の流れだったと言えよう。冷戦さえ終結すれば、オホーツク海を要塞とする意味もなく、高額な戦略原潜を複数運用し、それを護衛するための船団を維持する必要もなくなるからだ。

だが、この最大のチャンスは「4島返還論」の前に脆くも崩れ去った。ソ連の対米戦略という視点から考えれば、「2島」の返還は〝要塞化の崩壊〟だ。要塞が崩壊すれば、残りの2島をソ連が維持する理由は希薄なものとなり、返還の可能性は大きなものとなる。ソ連は北方領土を「領海」と捉え、日本は「領土」と捉えた。1991年の一件は、日本とソ連の「北方領土」に対する認識の差が生んだ失策だと私は考えている。

ドルを利用したロシアン・マフィア

91年にソ連は崩壊したが財政難に喘ぎ、独立によって国土を削られたロシアが北方領土の返還を持ち出すことはなかった。

そして2000年、あのプーチン氏が大統領に就任する。プーチン氏はソ連崩壊から財政難に喘ぐロシア軍を復活させるために、躊躇なく暴力を行使した。

その解説のために、ソ連時代から現在に至るまでに、ロシアを経済占拠した黒い巨大コングロマリットの歴史を整理したい。

ソ連にあって、誰よりも裕福な暮らしを謳歌したのがロシアン・マフィアだ。元々小規模な社会の不良分子だったロシアン・マフィアは、ブレジネフ時代（1964〜82年）の長引く経済停滞の中で、次第に勢力を拡張して組織化していった。ソ連国内の物資規制や、冷戦時代の東西の壁などお構いなしに、マフィアは多くの市民が欲するタバコ、ウォッカ、チューインガム、ジーンズなど、社会主義体制下の贅沢品を入手し販売することで、富を得る。

ソ連体制下の市民への抑圧は苛烈そのものだったが、マフィアを生き残らせたのもソ連体制だった。それは「汚職」だ。

マフィアは得た富を、共産党の重職者に「賄賂」としてばら撒く。贅沢品は西側の製品であるから、外貨不足に苦しむソ連にあって、マフィアは豊富なドルを手に入れるようになる。何よりドルの力を知り、ドルを求めたのが、共産党の中枢部にいる者たちだった。〝黒い外貨〟はマフィアの自己防衛手段として使われたが、同時に国家中枢に〝黒い勢力〟は浸透していった。

続くアンドロポフ時代（82〜84年）、チェルネンコ時代（84〜85年）をしたたかに生き抜いてきたロシアン・マフィアは、ゴルバチョフ時代（85〜91年）に行われた「ペレストロイカ」によって一気に勢力を拡大する。内務省が把握していたマフィアの組織数は、ゴルバチョフ以前には785だったものが、5691にまで拡大したという。

89年には、共産圏からの移民コミュニティーを基盤に、ヨーロッパ全土からアメリカへと勢力圏を広げていった。アフガニスタン戦争（78〜89年）の退役軍人や、規模縮小によってリストラされた元KGB職員などが組織に加わることで、〝黒いスキル〟を国家規模へと成長させる。

オリガリヒとマフィア

89年からアメリカがコロンビアに対して行った麻薬カルテル戦争は、ロシアマフィアへの追い風となった。北米市場を失ったコロンビア産の麻薬が、当時未開の地だった共産圏へと向かっていったからだ。「ペレストロイカ」は社会主義を崩壊させる改革であったが、ロシアマフィアによる地下経済の規模を巨大なものにする改革でもあったということだ。

その規模はソ連崩壊によって、ますます拡大した。実に、250億ドル、当時のレートで約3兆円（！）もの〝黒いマネー〟がロシアから海外へと向かった。資金洗浄に利用されたのは、スイスやリヒテンシュタイン、キプロスといった金融立国の銀行だ。コロンビアの麻薬カルテルに、旧ソ連時代の潜水艦を売ろうとしたマフィアさえいたという。

資本主義経済への移行期には、ソ連時代の国有財産が民間に売却されていった。資源大国ロシアにあって石油や天然ガスの会社を所有する者や、メディアを所有する者も現れた。「オルガリヒ」（新興財閥）がロシア経済ばかりか、政府内にも勢力を拡大していく。

一方で、ソ連崩壊からわずか5年の1996年までに、実に民間企業の40％、国営企業の60％、銀行の80％が直接的または間接的にマフィアによって支配されていたと、当時、ロシア政府は推定していた。

これらを合わせれば、オルガリヒとマフィアの密接な繋がりが必然的に導き出せるだろう。現在でもロシアマフィアが石油や武器、核物質などを扱うのは、こうした経緯があるからだ。

ここにメスを入れたのが、プーチン氏だ。大統領就任直後から、自身に反旗を翻すオルガリヒたちを、詐欺や脱税などの容疑で逮捕。オルガリヒたちが所有していたエネルギー企業のいくつかは、国営企業の傘下に入ることになる。そうして収奪した財は、ソ連崩壊直前から貧困に喘ぐロシア軍に惜しみなく投入されることとなった。

こうしてロシア海軍は、停滞していたオホーツク海など要塞内における戦略ミサイル原潜の運用を、冷戦時代のレベルにまで戻すことになった。２００４年には新型の潜水艦発射型ミサイルSS-N-23「シネバ」の発射に成功する。シネバは最低搭載量での最大射程が１万１０００kmもあるミサイルで、２００７年から現在まで実戦配備されている。

もはやロシアはオホーツク海から外洋に出ることなく、アメリカ大陸全土を攻撃できる能力を得たということだ。それは、ソ連崩壊直前から停滞していた北方領土の価値が、再評価されたということでもある。プーチン氏が、日ロ平和条約締結に際して日米同盟からの離脱を前提にしたのは、このような理由が大きくあると私は考えている。

ロシアはSS-N-23に続いて、新型の潜水艦発射弾道ミサイルSS-N-32「ブラバ」の配備を２０１３年から開始した。最大10発の核弾頭が搭載可能な射程８０００kmの新型ミサイルだ。

プーチン氏の「強いロシア」に対する指向が衰えることはなく、２０１８年３月１日の年次教書演説で、無人核潜水艦の開発を明言。19年２月20日の年次教書演説では、それが水中無限航行無人機「ポセイドン」であることを明らかにした上で、「試験は順調に進んでいる。今年の春には、この無人複合体を搭載した最初の原子力潜水艦が進水する」

と明言している。プーチン氏が「尊敬している」と公言するピョートル大帝こそ、ロシア海軍を創設した人物。北方領土を自らの〝暴力プレート〟から手放さない姿勢は、しばらく変わらないようだ。

韓国が日本に行った3つの異常行動

2018年から、韓国は日本に対して異常とも言える姿勢をとるようになっている。まずは整理をしたい。

第一は徴用工問題だ。

第二次世界大戦中に、日本企業で働いた労働者が「奴隷のように扱われた」として訴訟を起こした。そして18年10月30日に、韓国の最高裁にあたる大法院が、新日本製鉄（現新日鉄住金）に対し韓国人4人に、1人1億ウォン（約1000万円）の損害賠償を命じる判決を下す。この徴用工問題は１９６５年の日韓請求協定で「解決済み」だが、大法院は政府の請求権は解決しても、「個人の請求権は消滅していない」と判断したということだ。問題は同じような訴訟が、三菱重工業、ＩＨＩなど日本の企業70社で進行していることで、同様の判決が繰り返されることが予想されている。三権分立が機能し、個人の請求権が認められることは法治国家として当然だ。だがルールは運用のされ方で、結果が変わってくる。

日本企業としては今後、韓国からの撤退を模索し、韓国への進出や、韓国人を雇用することに慎重な姿勢をとるだろう。私は、自らの国の経済的打撃を自らが行うという、〝異常な自傷行為〟と評価している。

第二は慰安婦問題だ。

２０１８年11月21日、韓国政府で慰安婦問題を担当する女性家族省が「和解・癒やし財団」を解散し、事業を終了することを発表した。日韓両政府は、15年12月の日韓外相会談で慰安婦問題について「最終的かつ不可逆的な解決を確認した」ことで合意した。

だが、大統領の文氏は17年12月に、

「政府間の公の約束であっても、大統領として、この合意で慰安婦問題が解決できないことを改めて明確にする」

と表明。合意において韓国側は、慰安婦像について「適切に解決されるよう努力する」と言ったものの、韓国内の慰安婦像は合意前の20体から56体まで増殖させた後の財団解散だった。

国家間の約束を破ることは、国際的な信頼を失墜させる結果になる。今後あらゆる国が、韓国との条約締結や合意などに慎重な姿勢をとることが予想される。外交力を自ら損なう、異常な行為と言えるだろう。

第三は海上自衛隊機に対するレーダー照射問題だ。

２０１８年12月20日、日本の排他的経済水域（ＥＥＺ）で、韓国海軍の駆逐艦「広開土《クァンゲト》大王《デワン》」が、海上自衛隊の国産最新鋭哨戒機「Ｐ-１」に対して火器管制レーダーを照射した。当時北朝鮮の船が漂流しており、「広開土大王」は救助活動中で、「Ｐ-１」がその模様を哨戒した。韓国政府の見解は、レーダー照射の有無や、自衛隊側の責任などについても二転三転を繰り返す。

通常、火器管制レーダーは、攻撃を開始する前にターゲットに対して照射される。

２０１３年1月には、東シナ海で中国人民解放軍海軍のフリゲート「連雲港」が、海上自衛隊のむらさめ型護衛艦「ゆうだち」に対して、火器管制レーダーを照射し大問題となった。

火器管制レーダーの照射は攻撃に向かうアクションで、拳銃で相手に狙いを定めて引き金に指をかけている状態で、敵対的攻撃行動だ。

中国国防部も韓国政府も共に、証拠がありながら火器管制レーダーの照射を認めていない。だが、中国と違って韓国は日本の同盟国だ。同盟国に対して敵対的攻撃行動を取ることは異常と言えるだろう。

被害者である日本人にとって腹が立つのは当然だろう。だが、冷静な視点がなければ、物事の本質に触れることさえできない。一連の異常な行動の動機を、左派親北派の「文氏」による、保守「安倍氏」への反発と捉える見方があるが、私は懐疑的だ。

これらは覇権を巡って新たに始まった大国間の国家戦略から、自身が「用済み」になるという〝阿鼻《あび》〟に対する、韓国の〝叫喚《きょうかん》〟だと私は考えている。

アチソン・ラインに喘ぐ韓国

私が注目しているのは、この異常な行動が2018年の下半期に起こっている点だ。

文氏は17年5月に大統領に就任しており、就任1年目まで70～80％と歴代政権でも高い支持率を維持してきた。だが1年4カ月目の18年9月に最低線とされている50％を割り、以降支持率は低い水準で推移している。

だが「3つの異常」を支持率アップのための、いつもの支持率集めの反日カードと、短絡的に判断するわけにはいかない。

支持率集めは文氏の個人的な問題だ。徴用工問題で、三権分立が成立していることは明らかなのだから、司法が大統領の個人的問題に加担する理由はない。慰安婦問題における文氏の発言（17年12月）は、まだ高い支持率を得ている時のものだ。その時点で支持率低下を予見していたのであれば、もっと早い時期から「反日カード」を乱発していたと考える方が合理的と言えるだろう。

また、レーダー照射に政府側が直接関与していたとすれば、その後の二転三転の発言が説明できない。プランを自分で立てていたのなら、プラン通りに応酬すればいいだけの話なのだから。

こうして合理的に整理していけば、一連の異常行動が「韓国という国全体」によって行われたことになる。

私はそのカギが、2018年6月にシンガポールで行われた米朝首脳会談にあると考えている。そのためには、なぜ韓国が現在の韓国になったのかを考えなければならない。

1945年8月9日、ソ連は日本との日ソ不可侵条約を一方的に破棄して、満州国に侵攻を開始する。朝鮮半島の〝赤化〟を阻止したいアメリカ大統領、ハリー・S・トルーマンは、38度線を境界線にして朝鮮半島の南北分割占領をソ連に提案し、ソ連がこれを受諾。同年8月15日、日本のポツダム宣言受諾により朝鮮半島は解放されたものの、分割統治は続き、48年に韓国と北朝鮮が建国した。軍事的には、北側はソ連に加え49年に建国した中国、韓国側はアメリカが支援する形となる。

そして1950年1月、トルーマン政権の国務長官、ディーン・アチソンが、

「アメリカが責任を持つ防衛ラインは、フィリピン－沖縄－日本－アリューシャン列島まで」

という衝撃の演説を行う。アチソンは、名指した国や地域に対する軍事侵攻に対してアメリカは断固として反撃するとしながら、「それ以外の地域は責任を持たない」とした。「フィリピン－沖縄－日本－アリューシャン列島」を結ぶラインは、アメリカにとっての「不後退防衛線」＝「アチソン・ライン」と呼ばれるようになる。

この演説を分析した北朝鮮側は、韓国を攻めてもアメリカの反撃はないと判断。演説から半年を経過した6月25日に、38度線を越えて侵攻した。

中ソの領土拡大の野望を見誤り、「アチソン・ライン」の失策に気が付いたアメリカは、北朝鮮の侵攻後、慌てて台湾に第7艦隊を派遣し台湾海峡の防衛任務に就かせた。国連軍としてアメリカが参戦したことで、朝鮮戦争は約2年後の53年7月27日に休戦となり、再び38度線を境に南北が分断することになった。

この朝鮮戦争を経て、アメリカは「フィリピン－沖縄－日本－アリューシャン列島」というオリジナルのアチソン・ラインを南側に押し上げて「フィリピン－台湾－韓国－アリューシャン列島」という「新アチソン・ライン」を設定することになる。現在、韓国に米軍が駐留しているのは、こうした背景があるからだ。

北も南も戦略は同じ

この背景を元に、もう一度、北朝鮮による2017年の火星15発射から成立した18年6月の米朝首脳会談の意味を振り返ろう。

このまま米朝が本格的な雪解けを迎え軍事同盟を結び、アメリカが北朝鮮を経済支援すれば、アチソン・ラインは「フィリピン－台湾－北朝鮮－アリューシャン列島」という形に再設定されることになる。

朝鮮戦争後に、さまざまな形で韓国に経済援助が行われたのは、「反共の最前線」として資本主義発展の「ショーウィンドウ」の役割を期待されてのことだ。新たなアチソン・ラインが引かれれば、今度は北朝鮮が中国に対する「ショーウィンドウ」の役割を期待されることになる。つまり、韓国は真空地帯となるということだ。

では米朝関係が本当の意味で決裂した場合、アメリカは韓国の軍事プレゼンスを維持するだろうか――これを合理的に考えてみたい。

現在、アメリカと韓国は在韓米軍の軍事費拠出について揉めている真っ最中だ。19年1

月にはトランプ氏が、

「在韓米軍の駐留費用は（年間）35億ドル（約3850億円）だが、韓国は6億ドル（約660億円）しか出していない」

とこぼしたことが報じられた。韓国側は「実際には、はるかに多い8億6000万ドル（約946億円）を支出している」と反論したが、35億ドルに比べた時、その反論が何の意味もなさないことは明らかだ。「はるかに多い」も言い過ぎだと言えるだろう。

翌2月、アメリカと韓国の間で、韓国側が年間10億ドル（約1100億円）を支出することで暫定合意した。ただしこの合意は1年限りというものだ。トランプ氏はまだまだ不満なようで、従来の2倍である年16億ドル（約1760億円）の支出を求めているという。

ここで振り返らなければならないのは、アメリカ軍のシリア撤退だ。金を生まないシリアからの撤退を実行し、サウジアラビアとイランの戦争で儲けを狙っているのがアメリカだ。

在韓米軍の撤退によって、極東の最前線基地は日本ということになる。その日本は、黙っていても1899億円（2015年）もの「思いやり予算」を支払ってくれる。駐留米軍経費負担率は、韓国の40・0％に対して、実に74・5％（2002年）。しかも「武器を買ってくれ」と言えば、すぐに買ってくれるという、あまりにもできのよい弟分だ。北朝鮮による朝鮮半島統一の緊張感は、トランプ氏にとって、日本にさらなる支出を要求する〝ビジネスチャンス〟にもなるだろう。

台湾は、中国の太平洋進出の要所ということで、軍事プレゼンスを高めたい地域だ。トランプ政権下のアメリカに、朝鮮戦争時の情熱はない。むしろ北朝鮮に攻め込まれた方が、大きな利益を生むのだ。この時、アチソン・ラインは「フィリピン－台湾－沖縄－アリューシャン列島」ということになる。

アメリカから見た「暴力経済」と「暴力地政学」から合理的に考えれば、どっちにしても韓国の価値はゼロに等しいほど、低下していると言えるだろう。韓国側の北朝鮮への接近は、親北派の文氏の指向というより、「近い将来に訪れる空白地帯に備えて、北朝鮮の核の傘の下に入った方が自らのプレゼンスを維持できる」と見る方が、暴力という観点からすると、合理性のある動機に思える。

一連の韓国の異常な行動は、暴挙によって自らの価値を高めようとする北朝鮮のそれと同じことだと私は考えている。ただし、北朝鮮は火星15によってアメリカを交渉のテーブルに引きずり出す「策」があったが、韓国にそうした虎の子があるのか、私にはわからな

状況によって変わりうる「アチソン・ライン」

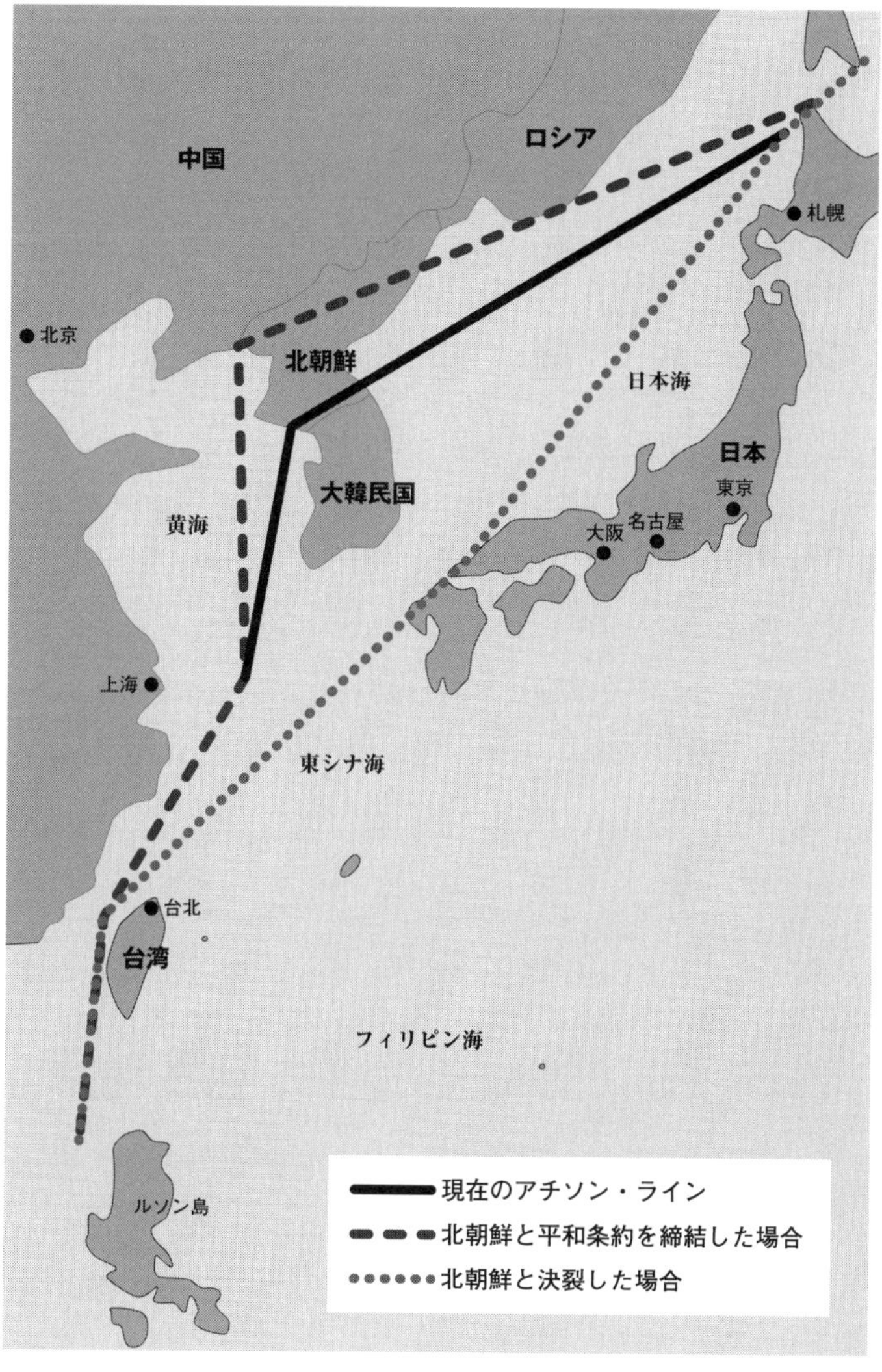

いが……。

中国移民に破壊された大学教育

2019年3月22日、18年末時点での在留外国人が前年比6・6%増の273万1093人となり、過去最多を更新したと法務省が発表した。国別では、中国が全体の3割近くの76万4720人と最多。次いで、韓国（44万9634人）、ベトナム（33万835人）、フィリピン（27万1289人）、ブラジル（20万1865人）と続く。

2018年12月8日の臨時国会で、「出入国管理及び難民認定法及び法務省設置法の一部を改正する法律」＝「改正入管法」が成立し、今年4月1日に施行された。「改正入管法」は「移民法」とも言われている。

今後も、在留外国人が増加することは確実だと言えるだろう。

同時に今年1月1日現在の不法残留者は11・5%増の7万4167人で、5年連続の増加となったことも発表された。国別で見ると、不法残留者は韓国が前年比0・9%減の1万2766人と1位。次いでベトナムが64・7%の大幅増で1万1131人、中国（1万

119人、7・8%増）、タイ（7480人、10・5%増）、フィリピン（5417人、9・8%増）となっている。

現在でも、移民についてはさまざまな議論が交わされている。根底には「日本人が作った既存のインフラを外国人が乗っ取ること」に対する心情的な嫌悪感があると私は考えている。その「嫌悪感」を否定するつもりはない。そうした感情は、イギリスでブレグジットを実現する原動力となった。

大英帝国の国家戦略さえ動かした「感情」の持つパワーを、過小評価するわけにはいかない。

国連人口部は、「移民」を「出生あるいは市民権のある国の外に12カ月以上いる人」と定義している。その定義に従えば、留学生も移民ということになる。そして、移民はすでに一部の日本の社会インフラを破壊し始めている。それは大学教育で、私立大学においては少子化が、国立大学においては日本の構造改革が原因だ。

すでに社会問題となっている少子化問題だが、早い段階で経済的ダメージとして直撃したのが教育界だ。塾、予備校はもとより、私立大学――特に一流にカテゴライズされる私立大学を直撃した。

私立大学経営というビジネスの稼ぎ時は「受験」だ。受かるか落ちるかもわからない試験に、お客さんが望んでチャレンジしてくれるばかりか、受験費は現金収入。合格すれば入学金まで支払ってくれるのだから、試験用紙は「金《カネ》」を刷るようなものと言えるだろう。

少子化は「お客」の激減に他ならない。

そこで大学はお客が減らないように、さまざまな策を講じることになる。もっとも簡単な方法は、レベルを下げることだった。それまで入ることもできない層にまで入口を広げれば、減ったお客を埋め合わせることになる。

だが、一流大学にはそれができない理由がある。それは偏差値だ。

服飾品でもそうだが、ブランドというのは高い値段が、その価値をより高める性質がある。大学においては、偏差値がブランド維持の基準だ。入口を下に広げてしまえば、偏差値が下がり、ブランドが低下する。一時的にお客を補填できても、下がったブランドからお客が逃げ、結果、より下に入り口を広げる負のスパイラルに陥るのは目に見えていた。

そこで目を付けたのが外国人留学生だ。偏差値は日本独特のものなので、外国人留学生には偏差値が存在しない。こうして一部の一流私大は積極的に、外国人留学生へと門戸を開いた。

日本語が不自由な外国人留学生たちの受講は偏ったものになるので、必然、一部の教室は大量の留学生と少数の日本人という構成になる。もちろん留学生たちは、自分たちの国の習慣のまま大学で生活している。外国人留学生が集まる教室が集中する棟が、「マリファナ棟」と陰口をたたかれるのはこのためだ。

学生を集める「呼び屋」

対して国立大学の崩壊はもっと深刻だ。原因は2003年に成立し、同年10月から施行された国立大学法人法だ。文部科学省はHP内の「国立大学の法人化をめぐる10の疑問にお答えします！」でこの意味を説明している。

それによれば、国立大学の法人化は財政支出を減らすことが目的ではなく、民営化でもない。国は引き続き必要な財政措置を行う。しかし一方で国立大学にも、民間的な発想の経営手法の活用を求める——。

理解をするには、かなり無理のある「お答え」だ。現実的には学生の人数に応じて財政支援をして、その評価は大学が輩出する修士や博士の数で決めるという非常に民間的な査定となった。

あえて大学名は伏せるが、以下は知人の国立大学教授から聞いた、ある国立大学の生々しい姿だ。

修士や博士の輩出数が評価とはいえ、「企業社会」である日本では4年で学士を取ったら就職する学生がほとんどだ。急速に大学院に人を集めることができないということで、その大学では中国人留学生を大量に集めようということになった。

中国では「日本の大学院を卒業した」ということが、その人の価値を高めることになるので、需要と供給が成立する。ただし、大学には中国人留学生を集めるノウハウがない。そこで、中国の大学に太いパイプを持つ中国人研究者を教員採用して、学生を集める「呼び屋」として活用した。

一見、WIN-WINの関係が生まれたが、大きな問題があった。修士レベルの日本語を覚えるのには、卒業までの2年間では足らない。修士試験での面接でも中国人留学生は受け答えさえできないのだが、なぜか提出された論文は見事な日本語で書かれている。ここで活躍したのが「呼び屋」の中国人教授だ。

「呼び屋」は各テーマに沿って、インターネット上に落ちている日本語のテキストを切り貼りする「指導」を熱心に行う。もちろんコピー&ペーストは論文執筆のルール違反だが、大学院とはいえチェックの杜撰さは「STAP細胞はあります!」の、あの人で明らかだろう。また大学側も国からの支援という懐事情があり、審査を厳格にはできない。何より卒業後は中国へ帰るのだから、問題が露呈することもない。

その知人は、「東大、京大などの何もしなくても優秀な学生が集まるランクの大学ではこのようなことは起きないが、特にランクの低い大学では似たような状態になっている」とこぼしていた。

日本語不要の運転免許教習所

運転免許など一度取得してしまえば、その後の状況を気にする人はほとんどいないだろう。日本語ができずに修士論文が書けてしまうのも不思議だが、現在の日本では、日本語がまったくできなくても自動車運転免許が取得できるのをご存じだろうか。

疑うきっかけになったのは、関西空港での中国人白タク問題を知ってからだ。中国人観光客に在日中国人運転手が中国語で話しかけ、そのまま目的地まで連れて行くという絵に描いたような「白タク」だ。もちろん白タクは違法行為。同様のことが福岡空港や、中国人観光客が集まる観光地でも横行しているという。

なぜ中国人が、自動車運転免許をこれほどまでに取得できるのか――それは免許を取得するのに日本語を必要としなくなっているからだ。

運転免許の取得には、技能と学科2つの試験が必要となる。技能については指定自動車教習所や、各都道府県公安委員会が管轄する試験場で、学科については管轄する試験場で、となっている。すでに全国の指定自動車教習所の中には、中国人スタッフを用意し日本語ができなくても技能が学べることを売りにしているところもできている。学科試験についてもすでに、多国語での受験ができるように整備されている。（205ページ表）

もちろん、自動車運転免許は取得すれば全国で使用できる資格なので、たとえある地域の交通事情が各国の言語に対応していないとしても、外国人による免許取得地域以外での運転を禁止するということにはならない。当然だが、外国人運転手による事故も上昇傾向にある。

国交省の発表によれば、外国人によるレンタカーの死傷事故は28件（14年）、62件（15年）、81件（16年）と、3年で約2・8倍増加している。また、近畿管区行政評価局によれば、

各都道府県の外国語運転免許学科試験

都道府県		都道府県	
北海道	［英語］［中国語］	滋賀県	［英語］［中国語］［ポルトガル語］
青森県	［英語］［中国語］	京都府	［英語］［中国語］［タガログ語］
岩手県	［英語］	奈良県	［英語］［中国語］［ポルトガル語］［ベトナム語］
秋田県	［英語］	和歌山	［英語］［中国語］
山形県	［英語］	大阪府	［英語］［中国語］［ポルトガル語］
宮城県	［英語］［中国語］	兵庫県	［英語］［中国語］［ポルトガル語］
福島県	［英語］	岡山県	［英語］［中国語］
茨城県	［英語］［中国語］［ポルトガル語］	広島県	［英語］
栃木県	［英語］［中国語］	島根県	［英語］［中国語］［ポルトガル語］
群馬県	［英語］［ポルトガル語］	鳥取県	［英語］［中国語］
埼玉県	［英語］［ポルトガル語］	山口県	［英語］［中国語］
千葉県	［英語］	愛媛県	［英語］
東京都	［英語］	高知県	［英語］
神奈川県	［英語］［中国語］［ポルトガル語］［ベトナム語］	香川県	［英語］
山梨県	［英語］［ポルトガル語］	徳島県	［英語］［中国語］
静岡県	［英語］［中国語］［ポルトガル語］	長崎県	［英語］［中国語］
長野県	［英語］［中国語］［ポルトガル語］	福岡県	［英語］［中国語］
新潟県	［英語］［中国語］［ポルトガル語］	佐賀県	［英語］
石川県	［英語］［中国語］［ポルトガル語］	熊本県	［英語］［中国語］
富山県	［英語］［中国語］［ポルトガル語］	大分県	［英語］［中国語］
岐阜県	［ポルトガル語］	宮崎県	［英語］
愛知県	［英語］［中国語］［ポルトガル語］	鹿児島県	［英語］［中国語］
三重県	［英語］［中国語］［ポルトガル語］	沖縄県	［英語］
福井県	［英語］［中国語］［ポルトガル語］		

2019年1月1日現在

大阪府内の52営業所における2018年4月の外国人の事故率は3・0%と、日本人の0・7%を大きく上回っている。主に観光客が借りるレンタカーの死傷率や事故率で、居住外国人による事故率を直接的に表すことはできないが、1つの指標にはなるだろう。

外国人による事故においては言葉が不自由なことで、事故後の意思疎通に困難が伴うことも多い。また交通事故においては、刑事だけではなく保険など民事の賠償の問題がある。保険会社に対しても意思疎通ができないことで賠償が滞るばかりか、処理中に帰国されて泣き寝入りというパターンもあると聞いている。

移民犯罪にかかる膨大な社会コスト

警察庁『犯罪白書　2017年版』によると在留外国人による犯罪については、2005年をピークにして2016年にかけて、4万7865件から1万4133件と、検挙数が大きく減少している。外国人の検挙人数のうち、中国人が31・6%とトップで、ベトナム人が21・6%と続く。侵入窃盗では中国人が41・7%（2位はペルー人の10・5%）と群を抜いていて、自動車窃盗はベトナム人が34・7%（2位はスリランカ人の15・

3％）、万引きもベトナム人が52・1％（2位は中国22・1％）となっている。

法務省による「在留外国人数」の発表と合わせれば、この傾向は、技能実習生として中国人、ベトナム人が急増していることの裏面といえるだろう。

誤解のないように言えば、私は外国人を敵視するつもりはない。日本人にも好意的な人物と好ましからざる人物がいるように、個人としての外国人に対する評価はさまざまだ。一方で、私が問題と考えているのは「社会コスト」だ。

2018年に、ロシアでサッカーのワールドカップが開催された。サッカーに興味はないものの、ヨーロッパのチームを見ると移民を推進している国と、そうでない国が明確にわかるところだけは面白かった。その1つドイツは移民大国だ。首相のメルケル氏は、「明日のためへのチャンスである」

などのスローガンを掲げ、2013年に17万人、14年に20万人、そして15年には、「Wir schaffen das!」（我々にはできる！）

というスローガンを掲げ、実に100万人もの移民を受け入れた。

中国製品が価格競争によって市場のシェアを拡大させている中、ドイツは移民という安価な労働力で国際競争力を得た。だが、100万人を受け入れた15年に、「ケルン大晦日集団性暴行事件」が発生する。アラブ人・北アフリカ人を中心とした1000人がケルン中央駅とケルン大聖堂前広場などで、女性に対して性的暴行・強盗を行ったのだ。

この大規模な犯罪に対して、捜査にも今後の防犯にも社会コストが必要となる。

白タクについては、各都道府県警が取り締まりに乗り出した。大阪府の外国人によるレンタカー事故増加においては、多国語による啓蒙チラシを配ることになった。

外国人が大量に住む地域では市役所に多国語の掲示板を掲げるなど、居住外国人用の新たな公共サービスを提供しなければならない。そうした地域の学校では、外国人専門のクラスを設けるところもあるということで、専門の教員、新たなサービスを担うためにもコストがかかるだろう。

私が考えたいのは、外国人を労働力として輸入した結果としての生産力の上昇が、こうした社会コストに釣り合うのかという点だ。今日で言う人材派遣、昔でいうところの「人《にん》工《く》出し」の口入れ（仲介）こそ、ヤクザの古典的なビジネスだった。だが残念ながら私は、この種のビジネスに触れたことが一切ない。

そこで、外国人労働者の派遣ビジネスをやっている、古くから知人の井上佳史氏に話を聞くことにした。年商40億円規模で外国人の派遣ビジネスを手がけている井上氏によって、あまりにも生々しい「移民法問題」の闇と光を、私は知ることとなった。

8年間で174人死亡のレトリック

まずは、外国人技能実習生について、基礎的な部分を整理したい。

外国人技能実習生は、受け入れ管理する団体によって「イ」と「ロ」に分けられる。公益財団法人 国際研修協力機構（JITCO）の解説をまとめれば、次のようになる

イ　企業単独型――日本の企業等（実習実施者）が海外の現地法人、合弁企業や取引先企業の職員を受け入れて技能実習を実施する方式。日本企業の外国にある支店・合弁会社・子会社又は事業上関係を有する外国企業の職員で、転勤又は出向する技能実習生

ロ　団体監理型――事業協同組合や商工会等の営利を目的としない団体（監理団体）が技能実習生を受け入れ、傘下の企業等（実習実施者）で技能実習を実施する方式。監理団体は、職業安定法に基づき、無料職業紹介事業や有料職業紹介事業の届出・許可を得ることになる

また技能実習生は、その技能によって1号〜3号に区分けされている。入国後1年目に、基礎級受検に合格すると2号と在留資格が与えられる。入国2年目に在留資格の更新があり、3年目に3級受検が行われ合格すると3号になり在留資格が更新される。4年目に在留資格更新があり、5年目に帰国となる。(2019年2月現在)外国人労働者の推移をまとめたのが、法務省の在留外国人統計を元に作成した211ページのグラフだ。

労働環境について問題になったのは、大勢を占める「ロ」の外国人労働者についてだ。2018年12月8日の「改正入管法」可決に向かって、立憲民主党を中心に、外国人技能実習生が「8年間で174人死亡」していることで、与党側を追及した。また朝日新聞は12月11日に『外国人実習生、労災死4年で30人　雇用者平均超す比率』というタイトルで、〈労災死する比率は日本の雇用者全体の比率を大きく上回っており〉と報じた。

だが、井上氏はこの数字に否定的だ。まず死亡数には、自殺や溺死などが含まれている点。何より就業先別の死亡者数が明らかにされていないのが、その論拠だ。

労働力として来日している技能実習生は、日本人が就きたがらない土木や建築、工場などの職種で働くことが多い。かつてこうした職種には、「寄せ場」で集められた日銭労働者が働いていた。当時、企業と労働者を仲介していたのがヤクザだ。だが、そうした労働

技能実習生数の推移（万人）

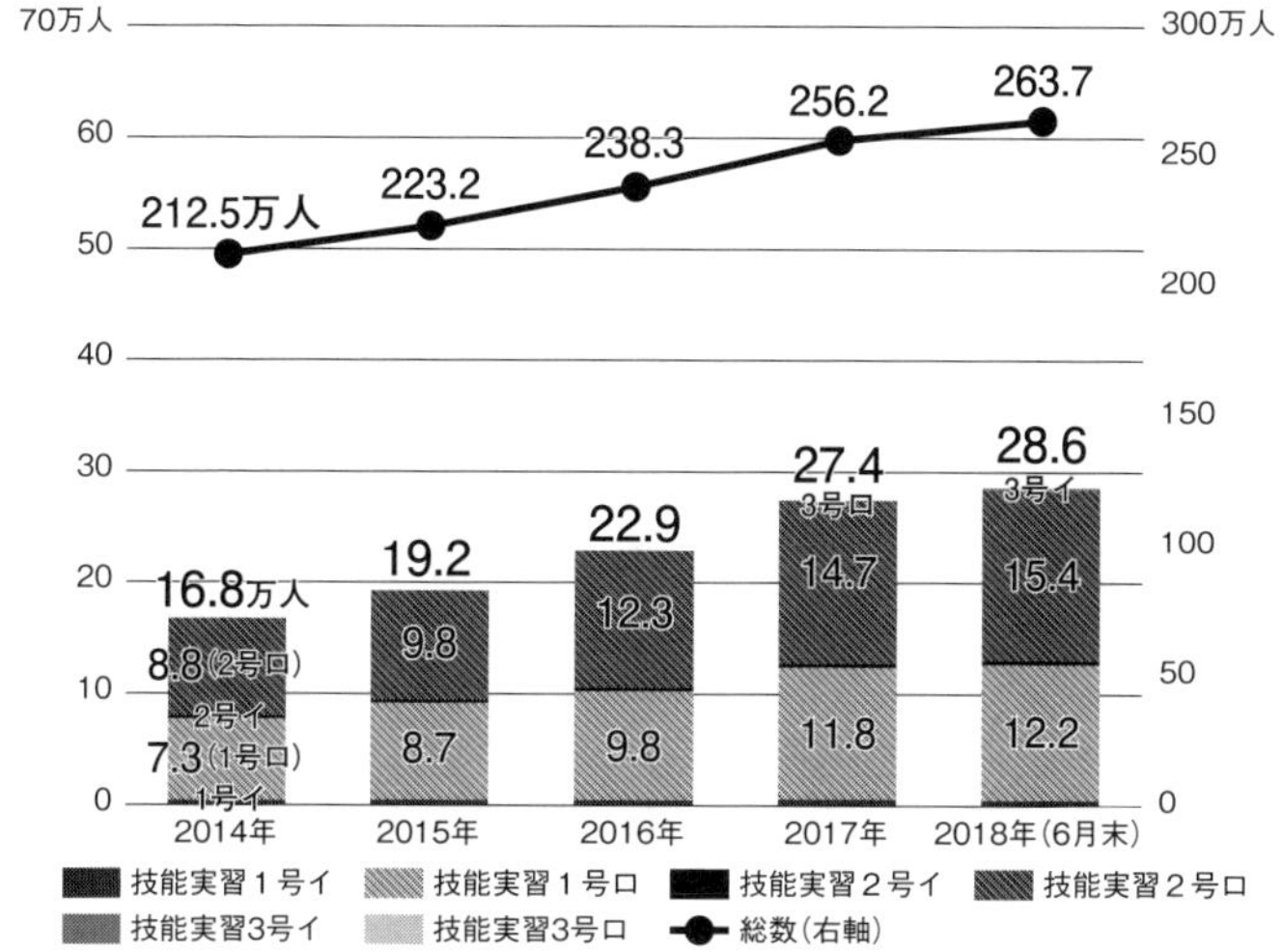

者も高齢化し、暴排条例によってヤクザも仲介業を行うことができなくなった。

そこで外国人労働者が、3K（きつい・汚い・危険）職場に労働力を提供することになったのだ。

「そうした職場では日本人労働者の死傷事故もあります。データはないので現場の感覚ですが、亡くなった技能実習生と同じ職種での日本人労働者の死亡者数、死亡率を調べて比較すれば、『技能実習生』が際立って死亡しているということにはならないと思います」

と井上氏は解説する。つまり、野党などの批判は「死者174人」という数字を一人歩きさせた「批判のための批判」だということになる。

ただし外国人労働者の雇用制度には、多くの問題があると井上氏は指摘する。その1つが留学生だ。

「書類偽造」はベトナムの裏面史

法務省の在留外国人統計によれば18年6月現在、外国人留学生の数は32万4245人で、中国人が12万2776人、ベトナム人が8万6883人となっている。留学生の在留資格申請には、本人が学費を支払える能力があることを示すために、預金残高証明書（本人名義）と奨学金受給証明書が必要となる。また、本人にその能力がない場合、代わりに支払う人（主に両親）の、支払い意向書、雇用証明、最近3カ月以上の給与明細または年収証明などの信用を保証する書類が必要となる。

だが、そうした書類はベトナムの場合約3万円で入手でき、大部分の留学生がそれを利用しているという。実は「書類の偽造」は、ベトナムの裏面史で生まれた文化だ。

タインホア省のギソンにいた少数民族は伝統的に「書」を得意として、グエン朝時代

（1802〜1945年）に宮廷の文書を作成していた。1946年から始まったフランスとの第一次インドシナ戦争からベトナム戦争にかけて、反体制側の戦術用の製図や、文書偽造を行っている。同時に、文書偽造技術は広くベトナム内へ伝播して、現在に至る。

多くの留学生が通う日本語学校の場合、学費は2012年の段階で約50万円だったものが、希望者が増えた現在では78〜100万円だ。そうした費用は多くの場合、ベトナムで親が借金をして支払う。だが授業は1日3時間、土日は休みで、春夏秋冬には長期休みもある。その余暇を使って留学生たちはアルバイトで稼ぐのだが、そうして得た収入は学費に使ってはならない規制があるため、親元へと送っている。「まさに地下銀行の構図」と井上氏は言う。

ただし、これをもってベトナム人留学生を「悪」と決めつけてはならない。実際にコンビニの人手不足をベトナム人留学生が補塡していることは多い。そして、日本人労働者よりも高いサービスを提供しているベトナム人留学生がいることも事実だ。合理的に考えれば、優秀な労働力は、日本にとって資産となる。

井上氏は真面目な学生を見つけると、自らの会社で学費を出し、「自分のところで働いて欲しい」とリクルートするという。派遣先は食品会社で「軽作業」に分類される。ただし外国人労働者にとっての「軽作業」は、日本人にとっての「重労働」だ。
「以前の食品の加工工場では、機械に巻き込まれて指を落とす労働者も多かったのですが、行政の監督指導が行き渡ったので、今では機械が自動で止まるなどの安全策が徹底しています。そうしたリスクの少ない場所を選んで働いてもらっています」（井上氏）
井上氏の会社には20代で、日本にマンションを購入しているベトナム人もいる。また中国人の正社員も雇用している。
労働者と派遣会社の質と良心が揃えば、問題は起こらないということだ。

誰が留学生に悪事を教えるのか

一方で、前述した警察庁の検挙数にあるように、中国人・ベトナム人は外国人による国別犯罪で首位を占めている。この原因は意外なところにあった。

「善良なベトナム人を闇に引きずり込むのは同じベトナム人で、中国人を悪事に走らせるのも同じ中国人です。長く日本に在留して悪事を覚えた同胞が、新たな同胞を悪の道に引きずり込む構造です」

1983年に中曽根康弘政権下で「中国人留学生10万人計画」が発表され、国内の中国人が一気に増える。その流れの中で中国マフィアも日本で勢力を拡大し、94年には歌舞伎町で中国人マフィア同士による「青竜刀事件」が発生し、2人が死亡。2002年には、中国人マフィアが歌舞伎町の喫茶店「パリジェンヌ」で、住吉会系組員を射殺する事件も起こった。中国人犯罪ネットワークの歴史は長い分だけ、根が深いと言えるだろう。

一方で法務省は10年3月以降、留学生や技能実習生で入国した外国人が「難民申請」をすると、認否によらず6カ月後から就労を認めてきた。18年に厳格化されるまで、多くのベトナム人が日本に滞在するようになる。こうした古参の在留ベトナム人たちが犯罪ネットワークを作り、新たな同胞を裏の世界へとリクルートするのだ。

中国人、ベトナム人の検挙数が高いのは、こうした背景があるからだ。

18年11月には、13年に来日し技能実習生として茨城県内の農家で働いていた中国人女性に対する、残業代未払いなどの不当行為に対する支払いを命じる判決が水戸地裁で下された。女性に対する残業代が時給400円程度なども認定され、技能実習生の過酷な労働環境がクローズアップされている。

だが問題の1つは、母国にもある。技能実習生は働き先が決まったら、転職はできない。

ベトナムの場合、現地には技能実習生と日本の受け入れ業者を繋ぐブローカーがいて、日本での働き先はこのブローカー次第ということになる。技能実習生として入国するためには、その職種にあった学歴が必要となるのだが、ブローカーは書類を偽造して働き先に合った学歴を作り上げてしまうのだ。

大国の侵略を繰り返し受けてきた歴史からか、ベトナムには「騙される方も悪い」という文化があるので、悪質なブローカーの規制を日本側から働きかけることはもちろん、ベトナム政府が規制することも、ほぼ不可能だという。

もう1つの問題は同じ出身国の人間だ。茨城の件との関係は不明ながら、雇用者との間のトラブルの背景には、長く在留した同胞が「コーチ屋」となって指南する背景があると、井上氏は指摘する。

「言葉の不自由な国で家でも独りということで、寂しさを感じる技能実習生は少なくありません。農家などは牧歌的ですから、そうした実習生たちが『家に帰っても独り』とこぼせば、『ご飯でも』と勧める。実習生はお礼として、『じゃ少し働く』ということで働く。単に思いやりが行き交っているだけなのが、現状です」

ところが在留期間が終了間際になると、長く住む黒い同胞が耳元で「コーチ」するというのだ。

「帰国が近づくと、同じ同胞が近づいてきて『それは残業代だから請求できる』『それはセクハラだから訴えれば金になる』と教え込むのです。そういう実習生の多くは農家の人たちを『お父さん』『お母さん』と慕っていますから、悩むことがほとんどです」

うつむく技能実習生へのコーチ屋の殺し文句は、こうだ。

「もうすぐ帰るんでしょ。国には本当のお父さん、お母さんがいるんだから、助けてあげなきゃ」

コーチ屋は、そうした技能実習生から5万円ほどの紹介料を貰って、それ専門の弁護士に紹介する構造だ。もちろん行政側も不当労働への対策はとっている。

技能実習生の派遣は、許可制となっている。2017年11月には「外国人の技能実習の適正な実施及び技能実習生の保護に関する法律」が施行され、悪質な業者は許可を取り消され、派遣業者の数は3分の2になったという。

「もちろん本当に悪い雇用者もいますが、トラブルとして明らかになったところすべてが悪いわけではありません。在留外国人の生活保護が問題になりますが、生活保護は悪質な難民申請者のもっとも得意とする手口です。申請後6カ月で3カ月働いて生活保護、再申

請で3カ月働いて生活保護を利用して、また再申請を繰り返します」（井上氏）

そこで生活保護の味を覚えた先住同胞が、新人同胞に難民申請や生活保護の〝おいしさ〟を伝えることから、不正受給者が減らないのだ。

厳しくも優しい「移民規制」の最適解

2019年3月15日、ニュージーランドで排外主義者がモスクを銃撃し、50人が死亡する痛ましいテロが起きた。一方、外国人によって仕事を奪われたイギリスでは、国民投票という形でEU離脱＝移民流入の拒否を決めた。

しかし生活保護のように、自分たちが支えてきた既存の社会インフラを外国人が利用することが、ニュージーランドのテロのような憎悪を生むリスクはある。はたして、井上氏はどう考えるのか――。

「そういった憎悪が、労働力を求める企業と優秀な技能実習生の雇用機会とのマッチングを妨げるリスクはあります。なので生活保護はもちろんのこと、国民健康保険を技能実習生が利用するのも、私は反対です。私の会社では、民間の掛け捨て保険を技能実習生に入らせるようにしています。こうした保険を利用して、国民健康保険に負担をかけない仕組みを作るべきだと思います。あるいは、行政が日本人より高い保険料を預かって、最後に利用に応じて返還するというのもありではないでしょうか」

以前、井上氏は在留資格に必要な金を、すべて払っていた。だが、全額払うと、失踪する実習生が多く、現在ではきちんと取るようにしている。その代わりに、毎年月の給与を1万円昇給し、3年働けば回収できる仕組みにしている。何もかも無料で提供することが、最良ではないという好例と言えるだろう。また、技能実習生のビザ（在留資格）の在り方にも疑問を持っている。

「現在ビザは、1年、3年、5年となっています。ノーチェックで長くいることが、悪い同胞が接近する下地になっているので、ビザは単年更新で1本化するべきだと私は考えています。その場合、入管の職員が足りないという問題が発生しますが、それはビザの更新料を1割高くして埋め合わせればいい」（井上氏）

善良な外国人労働者を闇に染めなければ、社会コストは下がる。同時に外国人の日本社会への負担を上げていけば、先住民である日本人の憎悪も薄らぐだろう。

ただし、外国人労働者によって埋め合わせできる労働力には限界がある。1つは雇用のミスマッチだ。その例が現在、労働力が不足している介護業界だ。

外国人介護士の導入が進まないのは、習慣の差が大きい。アジアでは食事の手伝い、排泄物の処理から、寝たきりになった時の点滴の交換まですべて身内が行う。プロの介護士が行う日本の介護現場は、アジアでは異例だ。井上氏も何人かの女性介護士を派遣したが、受け入れられるのは高度な専門知識を持っていても愛想のない女性ではなく、多少日本語が拙くて介護知識が少なくても笑顔が多いかわいらしい女性だったという。要介護の老人たちが求めているものは、「技能」ではなく「癒やし」ということだ。このニーズを制度化することは不可能だろう。

ベトナム戦争を経験したことから、実はベトナムはアジアでもトップクラスの医療大国で、2003年のSARS（重症急性呼吸器症候群）騒動の時でも、早い段階で被害拡大を食い止めた。そこで井上氏は、ベトナム人看護師を介護業界に派遣したことがある。

ベトナムの看護師は、人工呼吸器の挿管や傷口の縫合までできる。もちろん日本でそれをやったら違反となるが、そうしたハイレベルな医療知識は大いに介護の現場で役に立ったという。老人たちのわずかな変化を見逃さず、報告することで命にかかわるリスクを減らすことに貢献したからだ。

だが、看護師を介護業界に送り込むことは、それ以降行っていない。「本物」ではコストが合わないからだ。

実はコストの問題は、人材の問題とリンクして深刻になりつつある。日本の外国人技能実習生は最長5年間が終わって帰国すると、実質的に二度と日本で就労することができない。ベトナムでも優秀な人材は限られている一方で、改正入管法の影響で需要が高まっている。需給のバランスが崩れることが意味するのは「高コスト化」だ。現在では、ミャンマーへと外国人労働者の市場が移ってきているという。

いずれ外国の労働力も枯渇することが予想されているが、その時までに生産性を上げる努力を怠ってはいけないということだろう。

冷静な分析と合理的な思考を持て

移民問題については、私自身誤解していた点や知らなかったことが多く、その現実に驚くばかりだった。また、現状の制度の不備も発見できた。人間を「労働力」という単位で見る以上、規制という管理が必要であるのは日本人も外国人も違いがない。だが管理は、相手の特性に合わせたものでなければならないのは言うまでもない。

暴力プレートの境界面に浮かぶ日本の諸問題は整理できたと思う。ロシア、韓国、中国はいずれも外国だ。移民問題が日本人に突きつけた「新しい外国人との付き合い方」は、外国から押し寄せる暴力の突破点になるかも知れない。難問を解決することは、他の諸問題解決のヒントになることが多いのだから。

その上で「激動の時代」は懊悩《おうのう》や絶望のための時間ではなく、チャンスだということを忘れてはならない。そしてチャンスを切り開くのは、冷静な分析と合理的な思考という準備だ。

一連の私の思考のプロセスが、その一助になればと願う。

【著者プロフィール】

猫組長（ねこくみちょう）

元山口組系組長。評論家。本名、菅原潮。1964年生まれ。兵庫県神戸市出身。大学中退後、不動産会社に入社し、その後、投資顧問会社へ移籍。バブルの波に乗って順調に稼ぐも、バブル崩壊で大きな借金を抱える。この時、債権者の1人であった山口組系組長を頼ったことでヤクザ人生が始まり、インサイダー取引などを経験。その後、石油取引を通じて国際金融の知識とスキルを得る。山口組分裂直前、「ツイッター組長」として情報を発信し続けたことで話題となった。現在は引退して評論、執筆活動などを行う。著書に『山口組分裂と国際金融』『「悪問」のすゝめ』『ヤクザとオイルマネー』『アンダー・プロトコル』『2019年 表と裏で読み解く日本経済』（以上、徳間書店）。『現代ビジネス』に寄稿する「元経済ヤクザ」シリーズは、同サイトで常に上位にランク入りする。『ビートたけしのTVタックル』（テレビ朝日系）、『AbemaPrime』（AbemaTV）に出演。コメンテーターとしても活躍の場を広げている。

暴力が支配する一触即発の世界経済

2019年5月1日　第1刷発行

著　者　猫組長
発行者　唐津　隆
発行所　株式会社ビジネス社
〒162－0805　東京都新宿区矢来町114番地
神楽坂高橋ビル5F
電話　03－5227－1602　FAX 03－5227－1603
URL　http://www.business-sha.co.jp/

〈カバーデザイン〉尾形忍（スパローデザイン）
〈本文DTP〉茂呂田剛（エムアンドケイ）
〈印刷・製本〉モリモト印刷株式会社
〈編集担当〉佐藤春生〈営業担当〉山口健志

ISBN978-4-8284-2095-0